The
Parent
You
Want to Be

Les Parrott
Leslie Parrott

我们
想成为的
父母

［美］莱斯·帕罗特 /［美］莱斯莉·帕罗特 著
邓林园 / 魏悴玥 译

中国纺织出版社有限公司

原文书名：The Parent You Want to Be
原作者名：Les and Leslie Parrott
Published by arrangement with HarperCollins Christian Publishing. Inc. through the Artemis Agency

本书中文简体版经 HarperCollins Christian Publishing. Inc.授权，由中国纺织出版社有限公司独家出版发行。

本书内容未经出版者书面许可，不得以任何方式或任何手段复制、转载或刊登。

著作权合同登记号：图字：01-2024-6124

图书在版编目（CIP）数据

我们想成为的父母 /（美）莱斯·帕罗特 (Les Parrott)，（美）莱斯莉·帕罗特 (Leslie Parrott) 著；邓林园，魏悖玥译. -- 北京：中国纺织出版社有限公司，2025.2. -- ISBN 978-7-5229-2329-1

Ⅰ.G78

中国国家版本馆 CIP 数据核字第 2025Y02V72 号

责任编辑：关雪菁　李文潇　　责任校对：寇晨晨
责任印制：王艳丽

中国纺织出版社有限公司出版发行
地址：北京市朝阳区百子湾东里 A407 号楼　邮政编码：100124
销售电话：010—67004422　传真：010—87155801
http://www.c-textilep.com
中国纺织出版社天猫旗舰店
官方微博 http://weibo.com/2119887771
北京华联印刷有限公司印刷　各地新华书店经销
2025 年 2 月第 1 版第 1 次印刷
开本：880×1230　1/32　印张：6
字数：105 千字　定价：59.00 元

凡购本书，如有缺页、倒页、脱页，由本社图书营销中心调换致爸爸妈妈的两个宝贝：

你们带给我们的快乐是无穷的，

我们对你们的爱也是如此。

永远不要忘记。

♥ 译者序

做好期待管理是成为好父母的关键

现在市面上有很多育儿书籍，有的教我们怎么更好地管教孩子，有的告诉我们如何建立更好的关系，而这本书最吸引我的地方在于，它启迪我们首先要成为更好的自己！我们常说"言传身教"，实际上在育儿的过程中，身教对于孩子的影响更为深远，因为孩子会潜移默化地模仿和学习父母的一言一行。

作为两个孩子的母亲，我深感养育孩子的不易，尤其当前高度"内卷"的教育氛围，使我们在面孩子之前，可能都得先做几个深呼吸，将自己调频到一个相对稳定和积极的状态，才可能开启一场母慈子孝的亲子互动。因此，在我们学习"正确"的育儿方法之前，先关怀自己，这是最重要的。这也是本书的主旨，即"确定你想要成为怎样的父母"，并进行积极的自我调适。

在自我调适的基础上，我们对自身有了合理的预期，也更容易对孩子的成长有一个合理的预期。我们很多人都有"望子成龙，望女成凤"的传统观念，但心理学的研究发现，积极的期待有助于让孩子变得更优秀，然而过高或不切实际的期望，便可能滋生焦虑与失望，从而造成不良的育儿体验。因此，父母应首先对孩子的成长和自身的角色设定一个合理的预期，这不仅有助于减轻育儿过程中的压力，也是对孩子个性和天赋的尊重。

每个孩子都是独一无二的个体，他们拥有不同的天赋和潜力。父母的任务是发现并培养孩子的独特性，而非将社会规定的标准模板强加给孩子。这意味着，父母需要深入了解孩子的兴趣、能力和倾向，提供适宜的引导和支持，帮助孩子发展他们与生俱来的品质，而非盲目追求社会普遍认可的成功标准。对此，书中提供了有效的练习工具，帮助父母发掘孩子独一无二的特质，并顺势培养。

这本书最大的亮点在于：易读性强，书中充满了生活化的、启发性的例子；每一章都是一个相对独立的主题，自成体系，满足繁忙日常生活中的碎片化阅读需求；操作性强，如果您能按照每章后面的练习去反思、实践，会有意想不到的收获。

邓林园

2024 年 11 月

如何从这本书中得到最大的收获？

如果我们一起坐在厨房的餐桌前，问你想成为什么样的父母，你会怎么说？你不需要立刻做出回答，先认真想一想。

你可能是在工作、做杂事、做家务和无数其他活动的间隙阅读这本书，或许你在去旅行的途中带着它。无论你在哪里，我们都很感谢你能抽出宝贵的时间阅读这本书。作为两个小男孩的父母，我们深知，为人父母要挤出一点空闲时间来阅读这样一本书是多么不容易。而我们将尽一切努力，让你感到这次阅读是值得的。

所以，我们一开始就提出了这个关键的问题："你想成为什么样的父母？"你的回答将对塑造孩子未来的生活有持久性的影响。

您可能会认为我们太武断抑或是夸大了这个问题的严重性。但事实是，这个问题确实很重要。毕竟，无论你自己的父母把你养得有多好，你还是免不了会想，如果他们更有耐心，更坚定，更有远见，或更怎样怎样，你会不会成为不一样的自己？

你当然理解这一点。那我们进一步问：既然做父母不可能尽善尽美，那么你最希望拥有的特质是什么？

目录

♥ 第一部分　孩子会记住你的特质

- *003*　第 1 章　孩子眼中的你是怎样的?
- *011*　第 2 章　探索你的个人教养特质
- *021*　第 3 章　"你想成为的父母"练习

♥ 第二部分　为人父母的九个特质

- *033*　第 4 章　给予孩子渴望的赞美:你是善于肯定的父母吗?
- *045*　第 5 章　从一数到十——再来一次:你是有耐心的父母吗?
- *058*　第 6 章　听出孩子的话外之音:你是细心的父母吗?
- *071*　第 7 章　看到孩子的未来蓝图:你是有愿景的父母吗?
- *082*　第 8 章　建立更好的联结:你是有联结感的父母吗?
- *097*　第 9 章　庆祝孩子成长的里程碑:你是有仪式感的父母吗?
- *110*　第 10 章　信守承诺:你是真实的父母吗?

| 124 | 第 11 章 | 创造地球上最安全的地方：你是会安慰人的父母吗？ |
| 136 | 第 12 章 | 灌输智慧：你是有洞察力的父母吗？ |

♥ 第三部分　我们想成为的父母

153	第 13 章	避免成为你不想成为的父母
162	第 14 章	你就是孩子未来的样子
168	第 15 章	坚持你的好特质

175	致单亲家长
179	重点摘录
180	致　谢

第一部分

孩子会记住你的特质

第1章
孩子眼中的你是怎样的？

> 结婚之前，我有六种养育孩子的理论。
> 现在我有六个孩子，没有理论。

最近，我一年级的儿子站在书桌对面问我："爸爸，如果你参加我们班家长会的话，你打算做什么？"

我从电脑屏幕前抬起头来问道："其他家长都做了什么？"

"安东尼的爸爸让我们每个人都试戴他的消防员头盔，试穿他的厚外套，"他兴奋地说，"而且它很重，闻起来有烟的味道！"

他接着说："而且你知道吗？爸爸……"

"什么，约翰？"

"安东尼的爸爸用一把大斧子把人从着火的建筑物中救了出来！你做过这个吗，爸爸？"

"没有，我从来没做过。"我回答道，然后清了清嗓子接着问，"除了安东尼，别的同学的家长呢？"

"奥黛丽的爸爸在航天博物馆工作，他在操场上给我们发射了一个大火箭，那真的太酷了！你真应该看看那些烟雾。"

"嗯……"

"爸爸，那个火箭飞得很高，它有火花，还有真火箭该有的所有零件！"

"听起来很酷。"我应和道。

"尼克的妈妈是一名医生。"约翰继续说，"她在课堂上给尼克的胳膊打了石膏，然后她把石膏切下来，让我们在课堂上相互传递、观察并上手摸。但是泰登不想这么做，因为他说这太恶心了。"

"哇哦！"我回应他并且试图跟他同频感受这种激动的心情。

"所以爸爸你打算做什么呀？"约翰认真地问我。

"好吧，儿子，让我们一起想想。你觉得我该做什么呢？"

"妈妈说你总是用电脑工作，经常打电话。"

"妈妈是这么说的呀？好吧，她说的确实没错，但我不想在家长会上这么做。"

"我也觉得！"约翰咯咯笑了。

"那我和妈妈一起谈谈家长会该做什么吧。"

接着，约翰跑到后院，我在厨房里找到了妻子莱斯莉。问道："你觉得家长会我应该做什么？如果没做好，那儿子一定会认为我是世界上最无聊的爸爸，并且永远记住这件事的。"我激动地说。

莱斯莉笑了起来。

我说道："亲爱的，我是认真的。"

"我知道。我脑海中已经浮现出你向全班展示如何用手机打电话，如何在电脑上写作的画面了。

"真有趣！"我大声说，"约翰已经给我讲过那个笑话了——但我笑不出来。"

就在这时，约翰从后院走了进来，说："对了，爸爸，你为什么不把你的大脑带到班上呢？"

他不是在开玩笑。约翰曾经旁听过我在大学里讲的关于大脑的讲座。我用的是一个从生物系借来的福尔马林浸泡的大脑。不用说，约翰和我的学生们一样对大脑很感兴趣。

这也正是我在家长会上做的。我向一年级的同学们解释说，我是一名研究感受的"医生"，而感受始于大脑。接着向他们展示了一个彩色的木质大脑模型，然后问他们是否愿意看看我装在硬纸盒里的真的大脑。

"当然愿意——给我们看看大脑！"一些同学激动地喊道。

"孩子们，这样大喊很没礼貌！"老师一边盯着硬纸盒一边严肃地说。

孩子们伸着脖子以便看得更清楚，约翰笑得合不拢嘴，一年级教室里学生们的热情和期待是可想而知的。于是我戴上护目镜和乳胶手套，将手伸进盒子里。孩子们都瞪大了眼睛，而泰登只敢从手指缝中偷偷看。

在接下来的几分钟里，我回答了一个又一个的问题，从实用性的问题（"上面的那些纹路是什么？"），到稀奇古怪的问题("这是谁的大脑?"),再到神学的问题("脑子的主人在天堂里不需要他的大脑吗?")。

不用说,我从那天之后在约翰班里就火了。孩子们只要看到我在放学后去接约翰,就会谈论那一天的家长会,约翰也经常说:"爸爸,你还记得你把大脑带到我们学校的事吗?"他还会说:"那真是太棒了!"

嘿!我做到了,我让我的儿子感到骄傲。而这不正是每个父母所希望的吗?难道你不希望孩子眼中的你是尽可能积极正向的吗?

你的孩子渴望像你一样,这是件好事吗?

那天下午,从学校回家的路上,我把约翰放在儿童座椅上,莱斯莉和我谈到了我们晚餐要做什么。

接着,在短暂的平静后,约翰说了一句会触及所有父母内心的话:"爸爸,我想和你一样。"

事实是,无论我们的孩子说与不说,我们都能感觉到,孩子们渴望成为父母的样子。而这正是我们"为什么要成为自己想成为的那种父母"的关键所在。

约翰的话让我陷入思考。如果他想成为我这样的人,那他是如何看待我的呢?他又在我身上看到了他想

> 我 50 年来不停地教给别人道理,却不如我父亲在一个星期内以身作则教给我的多。

要效仿的什么特质呢?突然间,我发觉自己比以前更了解自己了。我感觉自己又回到了 16 岁,看着镜子里的自己并想知道别人对我的看法。我开始"审视自己"。我是一个有耐心的人吗?我的儿子能不能看着我说:"我想成为像爸爸那样有耐心的人"?我是一个乐观的人吗?我当然希望我的儿子是这样想的。我是一个宽容、有同情心、同理心、善良的人吗?

你是否也曾有过这些想法?你的孩子在你身上看到了什么特质?也许更重要的是,那些你本希望孩子拥有的特质,孩子并没有在你身上看到?

从约翰出生的那一天起,我就开始关注为人父母应该做哪些事情,阅读各种亲子互动技巧的书籍,但我却没有认真思考过我想成为什么样的父母。

莱斯莉也有同样的感觉。我们谈得越多,我们就越开始认真看待"目标特质"(即我们期望表现出的特征)。我们两人各自列了一张清单,上面列出了我们希望孩子在我们身上看到的五个特质,而我们彼此的清单中也有很多不同的地方。对我们来说,展现出其中一些特质是自然的、

容易的，而另一些特质则需要付出更多的努力才能让孩子看到。

你是谁比你做什么更重要

请你不要误解——我们都支持使用育儿技巧来管教和激励我们的孩子。事实上，你会在这本书中发现许多实用的育儿技巧。但我们想表达的意思是：孩子的性格取决于你作为父母所表现出来的特质。而作为父母，你是谁并不取决于宿命或偶然。因此，你可以选择成为你想成为的那种父母。虽然孩子生命中的很多事情是你无法预知的，也是你无法控制的，但你可以确保的是：你的孩子有一双好父母。这本书将告诉你如何成为这样的好父母。

你可能想知道为什么你表现出的特质对孩子的成长如此重要。简单来说，是因为你的孩子可能比你想象中的要更加关注你。哈里·查宾（Harry Chapin）就在1974年创作的经典歌曲《摇篮中的小猫》（*Cat's in the Cradle*）中表达出父母是孩子非常有力的榜样。歌曲描述了一位父亲和他的新生儿子的故事，令人回味无穷。歌词写道：

不知何时我的儿子会说话了,他说:

"爸爸,我要像你一样。你知道,我要像你一样。"

整首歌以父子之爱为基调徐徐展开,从儿子出生、学走路、学说话、10岁生日、大学时代到最后父亲退休。歌曲的内容是苦乐参半的,结尾是儿子搬走了并建立了自己的家庭,但在儿子的身上也展现出父亲的特质——奔波忙碌而忽略了家人,这是父亲不希望在儿子身上看到的。父亲给儿子打了电话,问他们俩能不能聚一聚。但儿子回答道:"我也很想啊,但我抽不出时间。"

父亲表露了心声:"我放下电话,突然意识到,他真的长成了我这样,我的男孩真的长成了我这样。"

查宾的歌几乎会戳中所有父母,肯定会有让你感触的地方。这首歌深刻地提醒我们,要去了解孩子在我们身上观察到的特质,无论是好的还是不好的。

为人父母,不仅仅意味着要去做父母应该做的事情,还应该成为你一生中最重要的使命,也是你生命中最有价值的事业。特别是当你成为你想成为的父母时,就更加能够体会"为人父母"这四个字的分量。

讨论

1. 你的孩子会如何向另一个人描述你？你的孩子会提到你的哪些具体的特征？

2. 如果你的孩子长大后会在某方面与你一样，你希望是哪方面，为什么？

3. 你是否同意，当涉及养育子女的问题时，"你是谁"比"你做什么"更重要？为什么？

第 2 章
探索你的个人教养特质

我们自身首先要成为我们期待孩子成为的样子。

萨利希木屋是一个浪漫的山区度假胜地，离我们西雅图的家只有不到 50 公里。在那里，你可以俯瞰令人叹为观止的斯诺夸尔米瀑布，也可以在近百米深的、绿如翡翠的峡谷中，听到浪花拍击花岗岩峭壁的声音。无论雨天还是晴天，你都可以白天沿着松树环绕的林间小道去探险，晚上伴着壁炉里木头燃烧的噼啪声入眠。

五年前，我们最有意义的一次度假正是在萨利希木屋度过的。当时我们雇了一个保姆来照看 3 岁的孩子，我们两个每天都在不断地思考育儿的问题，确切地说，我们在思考我们如何为人父母的问题。

我们在那儿享受了悠闲的早午餐和美味丰盛的晚餐。每次吃饭时，我们谈话的主题都是一样的：我们想成为什么样的父母，以及我们想培养什么样的孩子。

我们不是在谈论养育子女的技巧、策略或哲学。我们也不是在讨论某本育儿书，或者我们上过的育儿课。我们正在探索我们所说的"个人教养特质"这个概念。换句话说，我们正在认真审视我们独特的个性，尤其是我们作为父母

> 一顿好饭以一场好聊天结束。

所体现的个性。为什么?因为在研究生阶段,在我们通过专业训练成为心理学家的过程中,一位睿智的导师曾说过一句话,让我们醍醐灌顶:"为人父母时,比'你做什么'更重要的,是'你是谁'。"他继续解释说,"你可以学习和采用任何育儿策略,但每一种策略都会被你在育儿方面展现出的个人特质所掩盖。"

认真地思考为人父母的身份

我(莱斯莉)和莱斯在萨利希木屋悠闲地吃着饭,对彼此有了更多了解,特别是关于彼此的童年。我们谈论了对各自父母的钦佩和赞赏。莱斯认为,他的父母为他做过的最棒的事情包括:庆祝他的成功、和他畅想未来,并一起规划有意义的人生。我谈到,父母对我的付出让我很有安全感。

我们还谈到了我们本希望父母为我们做但却没有做成

的事。虽然我俩都有幸在充满爱的家庭中长大,但我们很清楚,没有父母是完美的。我和莱斯谈到了我的家人很少关心我的外部成就这个事实。我的父母几乎不看我的成绩单,我不记得他们什么时候因为我获得好成绩而夸奖我,或者因为我成绩差而担忧。莱斯坦言,他的父母比较善变,他们可能会随时改变或取消他原本期待的活动。

我们还谈到了从对方身上看到的能使我们成为好父母的特质。例如莱斯的幽默感,我说他会是一个有趣的父亲,让孩子的生活充满欢声笑语。他指出,我是一个有仪式感的人,不仅仅是生日,在孩子成长中每一个值得纪念的时刻,我都能够让孩子感到特别的意义。

接下来,我们开始讨论我们的不足。在早午餐后,我们专门讨论了如果我们要成为好父母,我们需要在哪些方面做得更好。没错,我们放下防御,勇敢面对,认真思考我们的哪些特质可能会削弱我们作为父母的能力。

莱斯是第一个开口的人。"我想,在成为我想成为的父亲的道路上,我的头号障碍是我的工作风格。"我非常认可他说的,但我没有点头,而是继续认真听着。莱斯接着说:"我不希望成为一个心事重重、心不在焉的父亲。我想成为一个和孩子有紧密联系、会照顾人的、真正关注孩子生活的父亲。"莱斯说完,又很真诚地询问我的意见。我们认真讨论了半个小时,例如,他与生俱来的成就动机,将会如何影响他养育孩子的过程?如何将其转化为一种为人父母的特质,帮助他成为他想成为的那种父亲?

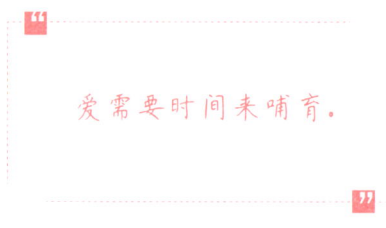

> 爱需要时间来哺育。

轮到我分享时,我不得不承认:"我是一个讨好型的人,我知道我必须格外努力才能成为一个真正的母亲。"当我说话的时候,莱斯成了倾听者。"我知道我的个性会促使我为孩子们做一些我本不应该插手的事情,我舍不得他们受苦,所以当他们需要独立完成一些事情的时候,我会忍不住插手帮助他们。"我必须采取一些预防措施,以避免成为一个什么事都依着孩子的父母。

认真思考我们想将孩子培养成什么样的人

我们的谈话不仅仅包括我们作为父母想拥有的特质。第一天午餐的时候,我们开始谈论我们希望孩子们拥有的特质。

"你希望约翰在二十年后成为一个什么样的人呢?"我问莱斯。

他没有马上回答。他笔直地坐着,一边摆弄着亚麻桌布上的叉子，一边看着玻璃窗外的斯诺夸尔米河流过的峡谷。"我希望我的儿子内心是坚定的——就像那些巨大的岩石。"他终于说，"我不希望他是一个没骨气的人，容易被他人的想法和意志左右，我希望他是个坚强且自信的人。"

"哇！"我说，"你已经想好了。"

"不完全是。"莱斯坦白道，"我只知道我想培养一个不屈服于同伴压力的孩子。你呢？"

"我希望约翰能成为那种真正善良的人，你知道吗？我希望我们把他培养成善解人意，并且能够真正地关心他人的人。"

莱斯笑了起来。

"有什么好笑的？"

"没什么，只是我们的答案是如此的男性化或女性化，以性别为导向，你不觉得吗？我的意思是，我希望他像那些巨石一样安定和强大，而你希望他温柔而敏感。"

> 如果我对我的孩子只能有一个愿望，我会希望他有爱的品质。

我们为我们的刻板倾向感到好笑。

但我们还是继续讨论。我们至少又讨论了一个小时，探讨我们希望儿子长大成人后具备什么特质。

我们认为，事实上，很大程度上，他的先天个性会决定他是谁，不管我们给他的生活带来了什么。但我们仍然在讨论,我们可能会帮助他成为谁。

最终,我们列出了一系列特征,描述了我们希望约翰以及他未来会有的兄弟姐妹长大后能够成为什么样的人。

以下是我们当天下午写在便条上的一些特质。

- 人格上的情绪安全感
- 对自己的未来充满希望
- 学会处理人际关系,与他人保持联结
- 坚持自己的目标和事业
- 对朋友和陌生人表现出尊重和友善
- 做决策时深思熟虑,能够有效地进行决策

这些特质没有任何特定的顺序,我们的清单也不一定全面。但它足以给我们提供指导:如果我们想养育这样的孩子,我们需要体现出什么样的特质。

列出为人父母的特质清单

当我们的育儿讨论会结束时,我们已经很清楚我们需要做什么了。最重要的是,我们已经很好地了解了我们需要"成为谁"。事实上,大家在阅读中会发现,前两节描述的特质已经奠定了本书的基调。但是,除了父母的个人因素,还有其他因素也会在育儿过程中发挥作用。

我们粗略列出了作为父母想要表现的个人特质,可能其中一些特质对我们来说是非常重要的。我们最终与一群亲密的朋友分享了这个清单,他们为此专门来芝加哥与我们见面。

自从五年前我们在萨利希木屋写下清单后,我们还没有与任何人分享过我们的清单。但当我们看到这个清单对我们养育孩子产生积极影响后,就坚定了要与其他父母分享的心思。

因此,在一顿美味的意大利晚餐后,我们与朋友们在芝加哥一家酒店的大会议桌边,开始讨论育儿问题。我们在房间里摆放了三四个画架,上面有很多纸,可以用来写写画画。我们的一些朋友刚刚为人父母;另一些则是经验丰富的父母。

"好了。"莱斯开始说,"你们中的大多数人都是父母,

> 有了孩子并不意味着你就是父母,就像有了钢琴并不代表你就是钢琴家。

还有一些人希望有一天能成为父母。我们想知道你们想成为什么样的父母。当你想到你希望你的儿子或女儿在你身上观察到某些特质时,你会想到什么?"

就这样,我们开始了讨论。莱斯在画架上写满了一个又一个的特质。小组成员被鼓舞,想要阐明他们提到的每一个特质,以及他们为什么认为这个特质对于做父母来说是重要的。

当时我们计划研究列出的二十几个特质,并对父母群体展开调查,看看哪些特质最具有普遍意义。我们的目标是整合相同的特质,去掉只对一小部分父母有吸引力的特质,将清单缩减到一个可控的范围。我们后来也确实这样做了。

为人父母的九个特质

我们调查了数百名父母想要展现的为人父母的特质后,确定了获得最多选票的九个特质。

下面是这项调查的一些背景:几乎所有参与调查的被试,都是正在备孕或已经为人父母的夫妇。他们的年龄从 20 多岁到 40 岁出头不等。对这份列有二十多个父母特质的清单进行排序,有九个特质排在了最前面。

- 善于肯定
- 有耐心
- 细心
- 有愿景
- 有联结感
- 有仪式感
- 真实
- 会安慰人
- 有洞察力

由于在我们的调查中,这些特质之间的等级差异非常小,所以我们没有按照特定的顺序排列它们。

讨论

1. 在读这本书之前,最近一次关于"你想成为的父母"这一主题进行的有意义的谈话是在什么时候?在谈话中你有什么收获或领悟?

2. 如果你按下一个神奇的按钮,就能让孩子拥有你渴望的三个特质,那这些特质会是什么?为什么?

3. 当你读到"为人父母的九个特质"时,你对清单中哪些特质最为惊讶?为什么?

第 3 章
"你想成为的父母"练习

> 养育孩子最终会让人出现一些不寻常的行为,
> 我不是在说孩子,孩子的行为始终是正常的。

在一家超市里,一位年轻的父亲正推着一辆购物车,他把儿子用婴儿背带绑在胸前。这个小男孩脾气暴躁,哭闹不止,看样子会把商品从货架上拉下来并扔到地上,因此其他购物者对这对父子敬而远之。但这位父亲似乎非常冷静,他继续走着,当他走过每个过道时,他会轻轻地喃喃道:"放松,唐纳德。保持冷静,唐纳德。稳住。没事的,唐纳德。"

一位路过的母亲被这位年轻父亲的耐心深深打动了。她对这位年轻父亲说:"你很懂如何用平静温和的语气与一个不高兴的孩子交流。"

然后她弯下腰看向小男孩,问道:"怎么了,唐纳德?"

"哦,不。"年轻的父亲说道,"他叫亨利。我是唐纳德。"

> 我的父亲并没有告诉我该如何生活,而是让我观察他是如何生活的。

尽管我们不建议忽视一个孩子的错误行为,但这位年轻父亲确实努力在成为他想成为的父母。和世界上的大多数父母一样,他正在努力做到这一点。

建立你的"为人父母档案"

我们在西雅图外的萨利希木屋度假时,开了个育儿讨论会,但你不需要特意安排一个这样的活动来制订你为人父母的计划。

我们很容易忘记,传授道理给孩子时,亲眼所见比亲耳所闻更有用。

下面是一个简单的练习,帮助你认真思考你希望成为什么样的父母。可以夫妇俩一起完成,也可以自己单独完成大部分的练习。

> 我们很容易忽略,给孩子传授道理时,亲眼所见比言提其耳更有用。

这个练习包括四个部分,做练习的时长取决于你对每个领域的探索深度,从几分钟到几个小时不等。你可以喝杯咖啡,集中好精神再来做，或者一次做一个部分，这样你就不会被孩子们或手机的消息打断。如果你时间很紧，又渴望深入到这本书的其他章节，那也可以直接跳到练习的第四部分。

我们开始吧

第一部分：探索你从哪里来

第一部分旨在帮助你们更好地了解哪些人对你们为人父母的角色的形成影响最大。如果是夫妻俩一起完成这一部分练习，请轮流回答以下问题。

1. 描述一下你小时候与父母在一起时最生动、积极正向的回忆。哪些回忆让你印象最深刻，为什么？

2. 你父亲身上有哪些宝贵的特质，造就了今天的你？举出具体例子来说明这些特质如何使你成为更好的人。他的哪些具体行为体现了这些特质？你可以做什么来效仿并拥有同样的好特质？

3. 你母亲身上有哪些宝贵的特质，造就了今天的你？举出具体例子来说明这些特质如何使你成为更好的人。她的哪些具体行为体现了这些特质？你可以做什么来效仿并拥有同样的好特质？

4.你认为你的父母身上缺少什么特质？如果你的父母具备这些特质，你将成为一个怎样的人？

第二部分：分享你的思考

第二部分有助于你向内探索自己的个性，并了解你的个性将如何塑造你为人父母的形象——包括好的和不好的。

1.基于你的先天条件，你本能地将哪些好的特质展现在了养育孩子的过程中？这些好的特质又如何塑造了你的孩子？

2.深吸一口气，进行真诚的反思，并确定你目前缺乏的一到两个可以显著提升你教养能力的特质。换句话说，在成为你想成为的父母的道路上，缺少了哪些特质可能造成你最大的障碍？

第三部分：邀请伴侣讨论

第三部分的内容更具个性化，请尽力放下戒备，用心接纳和倾听。我们的目标是帮助你更好地了解你自己——就

> 当有一天孩子意识到所有大人都是不完美的，他就成了青少年；当有一天他原谅了那些大人，他就成了大人；当有一天他原谅了自己，他就有了智慧。

像你照镜子一样。

1. 邀请伴侣与你分享他或她在你身上看到的、你已经拥有的、一个助力你成为好父母的特质。

2. 邀请伴侣告诉你，你所欠缺的某个特质——一个能使你成为更好的父母的特质。这时候需要放下心理防御，邀请他人给你反馈。

如果你是单亲家长，我们在本书后专门为你准备了一篇文章；建议先阅读这篇文章，再进行第四部分的练习。

第四部分：确定你最突出的两个特质

回顾第 2 章介绍的"为人父母的九个特质"，完成以下事项。

1. 从下一页的表中找出你认为你自己在自然状态下最容易表现出的两个特质。完成这一任务之后，找出你认为你的伴侣最容易展现出的两个特质（可以基于这部分内容进行充分讨论）。

2. 找出两个你认为可以使你成为更好的父母的特质。换句话说，哪两种特质是你目前缺乏但希望拥有的？如果你有不止一个孩子，你是否希望每个孩子身上体现出不同的特质？

下表包含对"为人父母的九个特质"进一步的解释。

请根据你的实际情况，在下一页表格中对应的特质前勾选"容易实现"或"需要努力"，深入了解你目前已有的特质以及缺少的特质。

自测：你有哪些突出的特质？

容易实现	需要努力	特质
		给予孩子渴望的赞美：做善于肯定的父母
		从一数到十——再来一次：做有耐心的父母
		听出孩子的话外之音：做细心的父母
		看到孩子的未来蓝图：做有愿景的父母
		建立更好的联结：做有联结感的父母
		庆祝孩子成长的里程碑：做有仪式感的父母
		信守承诺：做真实的父母
		创造地球上最安全的地方：做会安慰人的父母
		灌输智慧：做有洞察力的父母

完成四个部分的练习后，一定要和你的伴侣进行讨论，时间可长可短。

> 孩子们往往会像他们的父母一样说话、吃饭、走路、思考、反应和行动。给孩子一个可以学习的榜样、一个可以努力实现的目标、一个清晰的未来蓝图，就等于给了他们比金钱更有价值的财富。

继续阅读之前

1924 年，一项著名的社会学案例调查研究了印第安纳州中西部小城市曼西的变化。研究者邀请中产阶级的母亲们对最希望孩子具备的特质进行排序，排在首位的是孩子"听话守规矩"的特质。50 多年后，当再次针对中产阶级进行这项调查时，母亲们把孩子的"独立自主"特质放在第一位。

时代在变，父母教养的理念和行为也在变。不同的父母也有不同的变化和差异。书中的九种特质并非就是全面的。当你完成前面的练习时，你可能已经发现了一个非常重要的特质，而这个特质并不包含在列表中。但这也没关系。这份清单的目的只是让你思考和讨论大多数父母认为重要的特质，并最终帮助你成为你想成为的父母。

接下来，你可以按照你喜欢的顺序随意阅读接下来的九章。每一章都是独立的，与其他章节没有关系，你可以跳到你最感兴趣的那章阅读。

在阅读过程中，你可能会想回到本章练习的第四部分修改你的答案——原本以为不重要的特质，经过仔细思考之后，又觉得它们是很重要的。

最后要记住的是，我们没有一个人是完美的父母。即便成为优秀的父母，也不能保证孩子会完全按照我们的意愿发展，每个孩子都有一些坎需要自己过。

因此我们要申明：这本书并不是要让你在九个特质上都做到百分之百好，如果那是我们的目标，我们会把这本书命名为《我们想让你成为的父母》。那就太荒谬了！孩子们太复杂了，父母也是如此，这些特质不可能适用于所有人。但你在练习中选择的几项特质，将帮助你成为你想成为的父母。

讨论

1. 本章的练习提供了很多讨论的机会。你可以在小组活动中与其他父母一起交流。

2. 分享和讨论你认为自己在自然状态下最倾向体现的两个特质。

3. 分享你认为可以帮助你成为更好的父母的两个特质,邀请其他人给你反馈。

第二部分

为人父母的九个特质

第 4 章
给予孩子渴望的赞美：
你是善于肯定的父母吗？

父母要尽可能地满足孩子的自尊心，
这样世界上谁都无法让孩子失去自信。

作家加里森·凯勒（Garrison Keillor）在他的《我们尚未离婚》（*We Are Still Married*）一书中讲述了一支名为"沃比冈湖施罗德队"的棒球队，之所以这样命名是因为首发的九名队员是兄弟，他们都是施罗德的儿子。沃比冈湖小镇上的每个人都知道，施罗德从不肯定他的孩子。凯勒说，如果他们中的一个人打得不好，施罗德就会向他吐口水，责骂他。如果一个儿子打出了全垒打，施罗德会说："瞎子也能打出这个球。就算是你奶奶用木棍都能打中那个球。"如果一个儿子打不中，那他就麻烦了，施罗德会说："这个球都不用怎么打，风都把那个球打出去了。"——然后他就会俯身吐口水。

有一次，他的大儿子埃德温转身跑到中场围栏处，打了一个很长很长的飞球。他把手套扔到十米高的半空中去接球。令人惊讶的是，他接住了球和手套，赢得了比赛。

当埃德温望向休息区，想看看他爸爸有没有看到球时，施罗德正从长凳上站起来鼓掌，但当他看到儿子看向他时，他立刻假装自己在拍蚊子。当埃德温跑回长凳，站在他爸爸旁边时，施罗德抿着嘴沉默地坐着，良久说道："我很久以前在威斯康星州的苏必利尔看到一个人也这么做，但那是在晚上，所以接球的劲儿更大一点。"

你很可能无法想象你会像施罗德那样否定自己的孩子。但如果你真的想做好父母，肯定孩子可能是你需要重复练习的特质之一。为什么这样说？因为有太多的父母害怕过分表扬会让孩子骄傲自满——但其实几乎不会发生这样的情况。我们稍后将强调"适当肯定"的价值，但首先我们要确保大家确切地知道"肯定"这个词的意思。

> 最卑劣的赞美是，先赞美，再说一个"但是"。

肯定

我们知道,肯定是一种积极的表达,比如"你做得很好,我为你感到骄傲。"每当你让孩子感到被注意、被重视以及让他感到自己的独特时,"肯定"就发生了。但"肯定"这个词的含义其实远不止于此。如果研究其起源,您会发现它源自拉丁语 affirmare,意为"使坚固"。所以,当你给予孩子肯定的时候,真正的意义是,你在给他打下自尊自爱的坚实基础。"肯定"为孩子提供了坚实的基座,让他可以稳稳地站在上面。"肯定"带给孩子情绪安全感。缺少了"肯定",孩子更有可能感到害怕、焦虑和不安全。

成为善于肯定的父母的重要性

丹·巴伯在购物网站上发起了一场名为"世界上最好的母亲"的拍卖来纪念他的母亲。中标者将收到他母亲苏·汉密尔顿发的电子邮件,巴伯承诺看完这封邮件会"让你觉得自己是地球上最特别的人"。

人们对巴伯的提议有何反应?在为期 7 天的拍卖中,有 42711 人观看了拍卖,这么多人足以填满一个棒球场了。92 人出价,把价格从 1 美元的开价推高到了 610 美元的收盘价!

这么多成年人愿意为"母亲的肯定"付费,不是很有趣吗?这正说明了"母亲的肯定"的价值所在。可悲的是,这也揭示了许多孩子在成长过程中没有得到足够的肯定。《芝加哥论坛报》(*Chicago Tribune*)报道说,事实上只有 20% 的父母真正做到了对子女肯定。

父母不愿给予孩子太多肯定的一个原因是,他们没有认识到"肯定"对孩子人生的重要价值。他们认为夸奖孩子会让孩子变得"自大"。他们相信 18 世纪英国作家塞缪尔·约翰逊(Samuel Johnson)的拙劣建议,他认为:"赞美就像黄金和钻石,物以稀为贵。"不不不,父母真诚的赞美有着最宝贵的价值。而孩子因过度赞扬而变得自负的风险是很小的。

这样想吧。假设你的孩子心里有一个洞，只有父母的赞扬才能填补，如果孩子没有从你那里得到足够的肯定，孩子就会拼命地去别处寻求肯定。孩子会尽力这么做，即使到他成年以后也是如此。

事实上，几乎所有的心理学家都会同意我们的说法，一个在成长过程中没有得到足够肯定的孩子，更可能成为一个没有安全感的成年人。在我们

> 一个孩子生活在认可中，他就能和自己相处。

的咨询室里见证过无数这样的案例。一个成年人，因为童年时期缺乏肯定，内心感到空虚，这种精神上的负担不断加重，以至于他现在迫切想要修复那些因填补空虚而做出的错误选择（内在空虚让他从工作狂发展到物质主义者，而后发展出不健康的关系，最后出现成瘾行为）。

自测：你善于肯定孩子吗？

自测是为了带动你思考起来。不要担心，不要试图得到一个"正确"的答案，只要给出与你目前的想法相符的答案即可。将你的答案填入下表中。

选项		题目
是	否	无论我说与不说，我的孩子都知道我重视和欣赏他。
是	否	肯定孩子的性格比肯定孩子的表现更重要。
是	否	最好的肯定是要夸大孩子做事的意义。
是	否	直接表扬孩子的个性特点（例如"你是个聪明的孩子"），他就会相信我所说的。
是	否	只有当孩子做了值得肯定的事情时，才给予孩子肯定。

评分：如果你对某道题的回答是"是"，"学习做肯定孩子的父母"将会使你受益。即使你对每道题的回答都是"否"，你也永远可以找到新的方法，变得更加善于肯定孩子。

如何成为善于肯定的父母

父母对孩子的肯定有非常深远的影响，这一点无可厚非。想想获奖的演员杰米·福克斯（Jamie Foxx）。他从未与他的父亲建立过他想要的关系。他的亲生父母住在得克萨斯州40多公里外的达拉斯，但他的父母很少来看望他，也很少关注他的成就。

"高中时，我传球超过1000码，是我们高中第一个做到这样的四分卫。"福克斯说，"我在《达拉斯晨报》（*Dallas Morning News*）工作，但我父亲从未为此感到骄傲。即使到今天，没有什么比父母缺席让我更生气的事情了。"

可以理解福克斯，有时候可能只需要父母在场，就能够肯定一个孩子的努力。当然，我们可以做得更好，让我们来看一些父母表达肯定最有效的做法。

> 公开夸赞，私下批评。

对孩子的称赞对事不对人

最近，我们上一年级的儿子约翰参加了百米短跑，获得了第二名的佳绩。他拿着奖状和奖品回家时，露出了灿烂的笑容。我们的第一反应想说："约翰，你真是个跑步健将！"但我们没有这样做。相反，我们对他的努力进行了表扬。以下是对话的过程。

莱斯莉：好精彩的比赛啊！

约翰：是的。我跑得非常快！

莱斯：你确实做到了。你很努力地在跑，可以看出你真的是全力以赴了。

约翰：我跑得很快，爸爸。

在这个简短的交流中，你是否注意到约翰在对自己进行推断？换句话说，我们没有告诉我们的儿子，"你是个跑步健将"，而是约翰自己得出了这个结论，这就是问题的关键。父母的赞美促使孩子对自己做出积极的推断，而不是由父母贴上优秀的标签。

为什么这很重要？因为赞美和肯定，如果是针对孩子的个性特征（这一点对成人也一样），就会造成过度压力，从而产生负面的结果。

我们再举个例子。假设9岁的珍妮弗把自己的房间收拾得很好。她把衣服叠好，收拾好床铺，把玩具摆放整齐等等。她的母亲对她说："你真是个好孩子。"

珍妮弗微笑着欣赏着她收拾的成果。

"你真是母亲的小帮手。"

这种表扬有什么问题？从表面

> 好话值钱，却不费钱。

上看，没什么。但这些关于珍妮弗是怎样一个人的积极评论可能会引起她的焦虑。她可能觉得自己还不够优秀，或者也永远无法达到她妈妈给她贴的"好孩子""小帮手"等标签。她可能会故意把事情搞砸或通过不当行为来证明自己真的没那么"棒"，从而减轻自己的负担，而不是战战兢兢地等待着别人揭露自己虚假的完美外表。

此外，如果孩子因自己的个性特征受到赞扬，她可能不仅会拒绝来自父母的表扬，还会对表扬她的父母形成一种认知："妈妈太笨了，才会觉得我很棒。"

父母在表达肯定时要实事求是

当我们的儿子约翰与他的弟弟杰克逊分享玩具或糖果时，我们很可能会说："这真是一件好事情，约翰。这真让爸爸妈妈感到欣慰。"我们要努力避免诸如"你是个天使"或"你总是那么体贴"之类的话。为什么？因为这不是真的。约翰并不总是这么体贴，并且他自己也清楚这一点。

正如著名的儿童心理学家海姆·吉诺特（Haim Ginott）在《孩子，把你的手给我》（*Between Parent and Child*）中指出："对个性的赞美就像阳光直射一样刺眼，让人感到不舒服。当一个人被夸赞为是了不起的、天使般的、慷慨的、谦逊的时候，会显得很尴尬。他会本能地否认这种赞扬，至少是部分的否认。"

重点是，我们肯定的话语应该清晰而实际地表达出我们对孩子的努力、帮助或成就的欣赏。在此基础之上，孩子可以自己得出关于自己个性特征的真实结论。例如，如果基于对他行为的积极评论，让他得出结论自己是慷慨的，那么他的慷慨将是真诚的。他会给自己描绘出一幅积极的画面，而不会觉得自己的慷慨是为了赢得认可而"表演慷慨"。他也无须去证明你对他个性的评价是多么不现实。当一个孩子从父母的现实肯定中得出积极的结论时，他就在建立一个健康的人格。

孩子不需要为了获得肯定而刻意表现

在前文对"肯定"的释义中，我们指出，每当你让孩子感到被关注、被重视和感到自我的特别时，"肯定"就会出现。因此，你的孩子并不需要做很多事来得到你的肯定。你的孩子不需要赢得比赛或打扫房间来得到你的肯定。孩子只需要做自己。这就是肯定型父母带给孩子的真正礼物——对孩子内在价值的认可。但请注意，这与我们之前提出的"赞美孩子的行为——而不是他们自己的个性特征"的建议并不冲突。无论你的孩子做过什么，你的肯定是发自肺腑的。

告诉你的孩子，你重视他、爱他、关心他、为他着想，这就是肯定。直截了当地表达对孩子的肯定是最好的。

那些必须通过努力表现来获得父母肯定的孩子，对自己持有一种不确定感。他们可能会得出结论：

只有当他们做的事情能吸引父

> "听见夸赞，耳朵就灵了。"

母的注意力并赢得父母的认可时，他们才值得被肯定。当他们长大后，会有空洞的感觉，让他们不断地质疑自己的价值。

所以，不要忘了用类似这样的话来肯定孩子："你知道我今晚迫不及待地想回家看你吗？""我很高兴你是我的小女儿。""每次我想到你，我心里都会笑。""和你在一起，是我一天中最美好的时刻。"

真正的肯定是发自肺腑的

肯定不仅通过你的语言来表达，也通过你自身来表达。你的孩子会在与你相处、聊天的点点滴滴中感受到来自你的肯定。

美国作家埃里克·霍弗（Eric Hoffer）在他亲生母亲去世后，由玛莎·鲍尔（Martha Bauer）抚养成人。他曾经说过一些玛莎·鲍尔的趣事。"我记得我们之间的很多谈话和很多欢笑。"霍弗说，"我过去一定话很多，因为玛莎常说：'你还记得你说过这个，你说过那个吗？'她记得我说的每一件事，这让我这辈子都认为我的想法和我说的话是值得被人记住的。这种感觉是她带给我的。"

这种肯定不是直接告诉你的孩子，"你说的话真让人难忘""我喜欢听你说话"，虽然这么说并没有错，但"发自内心的肯定"是更丰富、更有意义的，并会随着时间的推移，实实在在地在生活点滴中建立起来。

讨论

1. 关于"做一个善于肯定的父母的重要性",从1到10打分,你会给自己打多少分?为什么?

   1　2　3　4　5　6　7　8　9　10

2. 关于"自然而然地表达孩子所渴望的赞美",你会给自己打多少分?

   1　2　3　4　5　6　7　8　9　10

3. 你是否赞成"父母对孩子的赞美应该对事不对人"?为什么?

4. 你认为你还需要在哪些方面给予孩子更多肯定?

第 5 章
从一数到十——再来一次：你是有耐心的父母吗？

你可以通过你的孩子明白很多事，
比如，你有多大的耐心。

雷·查尔斯（Ray Charles）是一位著名的钢琴家和歌唱家，他开创了节奏布鲁斯音乐。从乡村音乐到流行音乐，都有他的深情演唱。他被媒体称为"业内唯一真正的天才"。

在他的传记电影中，记录了这位已故艺术家经历的所有考验、挑战、成功，以及他的癖好。当我们看这部电影时，最吸引我们的部分是雷·查尔斯如何通过用心聆听别人难以察觉的声音来弥补自己的失明。

10岁的雷已经失明，他走进家门，不小心被一张摇椅绊倒了。他疼得叫出了声，向母亲求救。雷的母亲走上前去，又停了下来，她犹豫了一下，然后退了一步。雷躺在地毯上继续哭着求救。

可他的母亲默默地回去工作了，雷听到人们叽叽喳喳的谈话声和母鸡的咯咯声。他停止哭泣，歪着头，慢慢站了起来。他开始听到更多的人在说话，有一头牛在叫，还有金属的叮当声。他转身走向一壶沸腾的水。他伸出双臂，走到噼啪作响的壁炉边，感受炉火的热量，当手靠壁炉太近时，他便抽回了手。雷的母亲继续看着，关心着他的一举一动。雷仔细地听着马车经过的声响。

接着，他听到附近有一只蟋蟀在叫，就走过去，弯下腰，摸索着抓住了蟋蟀。他微笑着把蟋蟀放在耳边，他的母亲吃了一惊，轻轻地喘了一口气。

雷说："我听到了，妈妈。你就在那儿。"

雷的母亲泪流满面，告诉他："是的，是的，我在这儿。"然后她蹲下身子，给了雷一个拥抱。

耐心

"耐心"这个词强调的是冷静、自我控制，以及容忍拖延的意愿或能力。但它其实有更丰富的含义，是一种善意的、无怨无悔的忍耐。

耐心的本质，是对挫折给予爱的回应。想想看，挫折其实考验了我们的耐心程度。当你看到一个小孩试图穿针，你的耐心已经开始受到考验，你会看到孩子一次又一次地试图将绳子的末端微微颤抖着穿过针眼。你是否能够等待孩子尝试两次、四次、六次之后，才把它拿走并亲自来穿针？在干预之前，你能有多大的耐心？你能耐心等他多久？

你是否能够预留足够长的时间，深吸一口气，最终让孩子主动来寻求帮助？

耐心意味着"长时间受苦"，因为耐心抑制了烦躁情绪，不让烦躁的冲动占据上风。耐心这个词的英文 patient 有"病人"的意思——一个正在承受痛苦的人。这个词的拉丁文起源显示，病人是"静静地承受痛苦"的人。你不需要达到病人的程度，也可以有耐心，因为地球上的每一位耐心的父母都会长期例行"静静地忍受痛苦"。

成为有耐心的父母的重要性

不久前的一个早上,我刚做完早餐吃的鸡蛋和面包圈,就帮我8岁的儿子约翰检查他的单词拼写作业。当他连续三次犯同样的错误时,我开始厉声说:"约翰,想想看!拼出这个单词! A-s-t-r-o-n-a-u-t(意为"宇航员"),我们昨晚才学过的,你当时已经学会了的。"

约翰的眼泪在眼眶打转,他看起来很慌张,很绝望。虽然我原本无意破坏他的早餐或他的信心,但我还是破坏了。这就是不耐烦对一个孩子的影响。就算我表达出我是因为疲倦而不耐烦也没有用,因为约翰知道我已经失去耐心。

约克大学的一项研究表明,在父母认为自己最需要的技能中,耐心居首位。更重要的是,"没有耐心"是他们最不希望传递给孩子的态度。

这其实并不奇怪。许多专家认为,耐心是父母在抚养孩子时要掌握的最重要特质之一。为什么呢?首先,孩子自然而然成为考验父母耐心的专家。其次,作为父母,我们很容易失去耐心。只要我们一被惹恼,就会说一些我们很快就会后悔的话,或做一些很快就会后悔的事情。

那么,耐心对育儿有多重要?简单来说:如果没有足够的耐心,就不可能成为一个有爱的父母。也许这就是所谓"爱是恒久忍耐"。

　　孩子正试图理解他们生活的世界、他们的能力和他们周围的人。无论是身体方面还是情感方面,他们的各种能力都才刚刚开始发展,因此他们的动作肯定比成年人要慢得多,也更不熟练。他们可能很难理解大人对他们的期望,而当他们不能完全满足大人的期望时,就会感到挫败。结果就必然导致父母对孩子失望和不耐烦。即使孩子正在学习新的技能,父母也常常需要努力控制自己的冲动才不去帮助孩子们把拼图放在正确的位置或帮他们完成一个句子。这正是为什么无论是面对哭闹的婴儿、蹒跚学步的孩子、马虎的学龄儿童,还是叛逆的青少年——耐心是每个有爱的父母的首要任务。这就是为什么俗话说耐心是一种美德。

自测：你的耐心如何？

自测是为了带动你思考起来。不要担心，不要试图得到一个"正确"的答案，只要给出与你目前的想法相符的答案即可。将你的答案填入下表中。

选项		题目
是	否	无论父母如何"控制"，有些孩子肯定会使父母"失控"。
是	否	耐心更多与父母的关注点有关，而不是孩子的行为。
是	否	如果你已经给了孩子警告，而他继续进行违背你意愿的活动，你有权"失去耐心"。
是	否	学习从父母的角度看世界，是孩子的任务。而不是总让父母从孩子的角度看世界。
是	否	"耐心"更多地关乎现在，而不是关乎未来。

评分：如果你对某道题的回答是"是"，"学习做耐心的父母"将会使你受益。即使你对每道题的回答都是"否"，你也永远可以找到新的方法，变得更有耐心。

如何成为有耐心的父母

相传,古代有一个智者,他与每个人都相处融洽,从不与朋友或家人争吵。他的孩子们也都非常善良、有礼貌。皇帝听说了他,并对他的为人处世之道印象深刻,于是命他写一份万言长书,讲述人应当如何与朋友和家人和睦相处。

于是,智者被皇帝派去写作。几天后,他把一个很重的卷轴送到宫里,卷轴随即被带到大殿上,在一张长桌上摊开。皇帝开始阅读,其他人则站在一旁默不作声。几分钟后,皇帝点头表示赞同,围观的人也都松了一口气。

按照要求,智者写了一万个字——实际上,他一遍遍地重复同一个词:耐心、耐心、耐心……

很少有人不认可耐心的力量,它的价值是无可争议的。但是,作为一个焦虑、疲惫的父母,当你觉得自己即将失去耐心时,你如何才能保持耐心呢? 让我们从最简单的办法开始讲吧。

保持冷静

有耐心的父母要保持镇定,这一点不言而喻,但做起来却没有那么容易。

一个恼怒的父母如何保持冷静？也许可以试试从一数到十的老方法？或许我们也可以做得更好。

> 耐心是一种苦味的植物，却结出甜的果实。

心理学家乔·卡巴金（Jon Kabat-Zinn）是马萨诸塞州医疗中心减压诊所的创始人。他在《正念父母心：享受每天的幸福》（*Everyday Blessings: The Inner Work of Mindful Parenting*）的一书中提到，正念是将我们的全部注意力集中在个人身上的艺术，正念练习让我们即使身处困境也能保持冷静和镇定。

让我们来具体说说。我们可能会对一个在上学路上磨磨蹭蹭的 6 岁孩子失去耐心，那是因为我们的心可能已经飞到办公桌上的文件里去了。

换句话说，我们并没有活在当下。所以你看，耐心是一种选择。当你选择集中注意力去关注某件事时，是因为你知道那件事很重要——例如，当你上幼儿园的孩子正在竭尽全力系鞋带时，你会耐心地在门口等待，因为你知道掌握这项技能将帮助他获得自信。但其实你不必总是选择这样等待，你也可以抱起孩子，拿起他的鞋子，然后温和地、不失耐心地告诉他："我们现在该走了。"

不为自己的不耐烦找借口

佩吉讲述了她 3 岁的儿子某天早上在周日学校的经历。

老师对佩吉说，那是一个疯狂的早晨——孩子们就是不肯安静下来。佩吉的儿子克莱顿首当其冲。老师对他说："克莱顿，马上到地毯上坐下来。"克莱顿回答："不要催我。"

你有过像克莱顿那样的感觉吗？没有人喜欢被管束。然而，想想我们对孩子颐指气使的时候，当我们越来越没有耐心，我们就会反复发号施令甚至厉声呵斥："你马上过来！"但比发号施令更糟糕的是，我们还会为我们对孩子的不耐烦找借口。"如果你不能在两分钟内吃完你盘子里的食物，我就全部倒掉。我不是在开玩笑！"我们甚至可能会说："我在警告你！"因为我们预先说过我们会发脾气，就好像我们现在有权力发脾气了。

这是一个最能说明"有耐心"的父母其实并不是那么有耐心的例子。如果你这么做过，你必须放弃这种方式。这种方式只会错误地教会你的孩子"如果你提前告诉别人你要生气，那么你就有权发火"，没有任何益处。

站在孩子的视角理解他们

1997 年，飞行员查尔斯·林德伯格的女儿里夫·林德伯格应邀在史密森学会航空航天博物馆发表演讲，纪念她父亲独立飞越大西洋 70 周年。演讲当天，博物馆的工作人员邀请她在博物馆开放前到场，这样她就可以近距离观看"圣路易斯精神号"，这架悬挂在博物馆天花板下的小飞机正是她父亲在 1927 年从纽约飞往巴黎的那一架。

那天早晨，在博物馆，里夫和她的小儿子迫不及待地爬进了一个升降机,这台长臂起重机,上升到他们的视线与飞机齐平,他们面前伸手可及的就是里夫的父亲当年英勇地驾驶着飞越大海的飞机。这次博物馆活动对里夫来说是一次难忘的经历。她以前从来没有碰过飞机,那天早上,在离地面 6 米高的地方,她温柔地伸出手摩挲着飞机的门把手,她知道她父亲一定用自己的手无数次抓过这个把手。

她热泪盈眶。"哦,"她带着一丝激动悄悄跟儿子说,"这是不是很神奇?""是!"她的儿子也激动地回答,"我还是第一次坐升降机呢!"

现在如果你是她,正享受着这个如此独特和珍贵的时刻,你会如何回应儿子?会有想要责骂儿子的冲动吗?毕竟,他并没有领会到这次经历背后的深刻意义。作为父母,我们或许难以接受这个事实。但这对大多数孩子来说是正常的,他们与成年人看待世界的视角不一样。我们必须意识到的是,我们对孩子行为的期望可能与他们的发展水平是不相符的。

因此,我们需要做到是调整自己的期望。例如,在一场婚礼的宴会上,穿着礼服的两岁小孩,是不可能乖乖地坐在座位上坚持到底的。如果你抱着这样的期望,就是为自己设定了失去耐心的条件,其结果,是让你自己陷入痛苦的恶性循环中。

练习长期忍耐

"我想带着我的班卓琴。"我们 5 岁的儿子约翰坚定地说道。我们正准备去离家不远的湖边散步，而他决定要带着一个几乎和他个头一样大的乐器。

"约翰，这不是个好主意。你背着班卓琴很快就会累了，然后爸爸妈妈就得帮你背了。"我一边说，一边蹲下来看着他。

"不，我会自己背着它走完全程。"约翰坚持说。

"亲爱的，这根本行不通。"

"行得通，我觉得行！"他抗议道。

来回拉扯了几分钟后，我感到自己越来越不耐烦。最后，我说："好吧，约翰，你可以带着你的班卓琴去散步，但我希望你能记住你说的话。"

约翰觉得他赢得了这场小小的胜利，点头表示同意，赶紧把班卓琴挂到了他的肩上。

不用说，约翰很快就意识到他的决定是不明智的，而我们在散步前与他达成的协议，可能是我们为了让他尊重我们的建议所做的最正确的事情之一。即便到了现在，每当我们提醒说："还记得班卓琴的事儿吗？"他就会变得乐意尊重我们的意见。但达到这样的效果需要长期的耐心。我们不得不冷静地忍耐一些事情——这算不上有多痛苦，但是很烦人——假使我们没那么有耐心，直接拒绝孩子不合理的要求，就可以避免这种烦人的感觉。

爱是恒久忍耐。如果我们渴望成为一个有耐心的人，我们每个人都注定要受苦。但我们不必为了受苦而成为被动的受害者。爱之所以长期受苦，不是因为它的力量在于忍耐，而是因为它的力量在于未来。爱会给予我们耐心，例如，照顾一个有问题的青少年，看到光明的日子就在眼前。

爱是耐心。就在我们的耐心几近耗竭之时，爱能使我们变得更有耐心。

讨论

1. 在 1 到 10 的评分表上,关于"耐心对为人父母的重要性",你给自己打多少分?为什么?

1 2 3 4 5 6 7 8 9 10

2. 关于"自然地表达对孩子的耐心",你给自己打多少分?

1 2 3 4 5 6 7 8 9 10

3. 具体来说,你什么时候最有可能对孩子失去耐心?请直接写下当时的情景。你的不耐烦是如何表现的呢?(比如,你说了什么或做了什么,会让你的孩子感到不耐烦?)

4. 下次遇到什么情况,你的孩子会感受到你的耐心?你现在能做些什么来变得更有耐心?

第 6 章
听出孩子的话外之音：
你是细心的父母吗？

母亲能读懂孩子的话外之音。

我们 3 岁的孩子杰克逊是个话痨。他会告诉你如何避免踏入客厅里他想象出来的"热熔岩"；他跟你唠叨戴维·克罗基特戴着一顶怎样花哨的帽子；他可以告诉你，他听到哥哥回答几乎所有加法问题时给出的答案都是"6"——无论是 8+2 还是 5+4。杰克逊还爱问很多问题：

"银是一种颜色吗？"

"'打高尔夫'的'高尔夫'是什么？"

"虫子有耳朵吗？"

"我们的猫哈珀为什么没有在客厅的热熔岩中被烧伤？"

杰克逊的问题比我们的答案多。（你要是不相信，可以在旅途中的汽车后座上和他待上一个小时试试。）大多数情况下，我们喜欢他的问题。但只要我们没有立刻回答他的问题，或给他及时的回应，他就会在沉默的间隙提出一个新的问题。然后，他会像是刚在纽约喜剧俱乐部讲完一个笑话一样，用戏剧化的声音提高声调问："有人知道吗？"

每次我们都能被逗笑。

我们笑，是因为我们知道他的感受。你有时是不是也想知道到底有没有人在听认真你说话？我们都知道这种感觉——但不是所有人都有勇气脱口而出地问："有人知道吗？"

> 最重要的沟通是听到那些没有说出来的。

我们8岁的儿子约翰就不一样。他不像他弟弟那么健谈。有时候我们必须费尽心思才能让约翰开口说话。否则，他就会一直沉浸在他的内心世界里。但即使像杰克逊那么健谈，仅仅通过他口头表达出来的内容，我们也不一定能完全理解他的真正意思。你面临的亲子沟通很可能也是这样的——需要寻找各种表面信息下的蛛丝马迹，从而更好地理解孩子。

细心

细心是什么意思？简单来说，它意味着"予以关注"。一个专心致志的人是有敏锐洞察力的，他善于察言观色，能贴心地关注到他人感觉是否舒适，体察到他人内心的愿望。他也能找到恰当的方法关心别人。他关注细节——一些细微的非言语行为，可能比语言更诚实。正如字典中明确指出的，细心意味着"通过密切的观察和表示赞美的肢体语言表达发自内心的兴趣。"哇！细心是需要表达赞美的。

如果你要表达关心，你首先需要变得勇敢。勇敢者敢去别人可能害怕去的地方，而这正是细心的父母所做的。细心的父母和孩子一起探索未知的领域，我们不知道将发生什么。但我们知道，当我们变得细心时，就会产生与孩子更深的联结。

成为细心的父母的重要性

> 及时听，
> 慢慢讲。

从出生的那一刻起，婴儿就在哭闹着寻求关注。他们渐渐长大，成为学龄前儿童和小学生，接着成为高中生和大学生，他们对关注的需求也随之变得更加复杂。作为父母，需要善于解读他们到底想要什么。有时他们的需求会表现在他们的非言语行为中或他们的具体行动中。例如，学龄前儿童可能通过发脾气或打他的兄弟姐妹来寻求关注；四年级学生可能通过在学校惹麻烦来寻求关注；一个15岁的孩子可能通过吸烟来寻求关注。

需要注意的是，孩子们可能不会直白地说出来他们需要父母的关注，而是希望在他们没有发出请求之前得到父母的主动关注。如果父母没有发现他们隐藏的需求，他们会变得越来越激动——直到他们放弃对父母关注的需要。

说句实话：如果孩子没有得到他渴望的个性化关注，他最终会远离父母，甚至将父母视为路人。

听起来很残酷，但这是实情。有些关注是只有父母才能给予的，如果孩子没有得到，他就会在其他地方寻找这样的关注——通常来自同伴。而且，巧的是，这通常会发生在16岁到18岁。

自测：你对孩子有多细心？

自测是为了带动你思考起来。不要担心，不要试图得到一个"正确"的答案；只要给出与你目前的想法相符的答案即可。将你的答案填入下表中。

选项		题目
是	否	处理孩子愤怒的最好方法就是忽视它。
是	否	如果某件事对孩子来说真的很重要，他就会说出来。
是	否	如果孩子不表达想法和感受，就不可能得知他的具体想法。
是	否	我的孩子遇到问题，总是想让我帮他解决。
是	否	如果我认同孩子非理性的恐惧，我就强化了他的不合逻辑的推理。

评分：如果你对某道题的回答是"是"，"学习做细心的父母"将会使你受益。即使你对每道题的回答都是"否"，你也永远可以找到新的方法，变得对孩子更细心。

如何成为细心的父母

细心的核心是你会"用第三只耳朵倾听"。父母都能听到孩子说出来的话,但细心的父母会关注那些没有公开表达出来的情感、价值观、恐惧和痛苦。让我们来看看如何更好地做到这一点。

倾听孩子的情绪

每个孩子都是一本需要父母用心解读的独特的书。如果我们没有认真了解孩子,就不可能真的明白他们的感受。当用"第三只耳朵"倾听孩子时,就像从沙中淘金那样,细心的父母在与孩子的交流中筛选出孩子想要表达的信息(包括非语言线索),如同筛出他们的"情绪金粒"。我们捧着这些"金粒",递回给孩子,询问:"这是你的感受吗?"

依靠技巧去倾听孩子感受,其作用固然是有限的,但除此之外,很难有更好的办法让孩子对你敞开心扉,更亲近你,更喜欢你。

当你用"第三只耳朵"倾听时,你不仅要听到孩子很难说出来的情绪,还要帮他把这些情绪转化为语言。贾斯汀是一个拒绝做作业的 13 岁孩子,下面是他生活中的一个例子。

贾斯汀：我不在乎你们和威尔逊老师怎么对我。我再也不会写那个老师的作业了。

妈妈：（忍着脾气）听起来你好像已经下定决心了。

贾斯汀：没错。就不应该让威尔逊老师这样的人留在学校。

妈妈：他不太聪明？

贾斯汀：嗯，我觉得他聪明，但他不太善良。

妈妈：他对你有点刻薄？

贾斯汀：是的。上次我交作文的时候，他大声读了出来。可我写作文又不是为了让全世界都听到。

妈妈：你觉得被背叛了。

贾斯汀：没错！如果你是我，你会怎么做？

如果你是这位母亲，你会怎么回应？请记住上文对"细心"一词的解释，这种特质需要勇敢。为人父母需要有同理心，倾听孩子的感受。专注的倾听也是有回报的。一旦你准确地识别出孩子的情绪，他的内心世界几乎会瞬间打开。

倾听孩子的价值观

有一则寓言故事说，有一天，一个孩子把自己的手塞进了一个非常昂贵的中式细颈瓷瓶里，然后拔不出来了。这个可怜的孩子大声哭叫，父母使劲拽他的胳膊，但除了打碎这个美丽而昂贵的瓷瓶外，别无他法。直到瓶子摔成了碎片，人们才明白这孩子为什么会把手卡在瓶子里。原来，他玩闹时把一枚小小的硬币丢进了瓶子里。他把手伸进去，摸到了那枚硬币，就紧紧攥在手里。他的小拳头就这样卡在了瓶口，可他不懂得松手。

这个广为流传的寓言故事告诉我们，细心倾听孩子有多重要。如果故事里的父母能够理解孩子的手为何卡在瓶子里，就可以开心地解释给孩子听，让孩子知道如何在不牺牲昂贵的瓶子的情况下达成他的目标。同样，细心的父母可以花心思去了解孩子的价值观，来避免发生亲子冲突，最终付出高昂的代价。

最近的一天，我们的小儿子杰克逊不肯吃我们放在他餐盘里的维生素。"我不想吃维生素。"他哭着说。我们没有告诉他必须吃，以维持我们"权威"的形象，而是问他："你是今天不想吃维生素吗？"

"不是，我不想吃这个——我要吃我的史努比维生素。"

> 一个好听众在任何地方都很受欢迎，他会通过你的表达了解你的想法。

就这样，问题解决了。我们只是听他说完，然后发现他真正在意的是什么。

随着儿童年龄的增长，慢慢进入青少年时期，这种倾听也变得越发重要。青少年的价值观会考验你的勇气，但如果你真诚地、持续地发现孩子所珍视的东西——无论是某款电脑游戏、某个品牌的香水，还是某种类型的音乐——都可以成为直抵孩子内心世界的途径。当然，青少年的价值观可能会让你感到惊讶，但如果你不了解他们的价值观，你就没有机会影响他们。所以，细心倾听，不要直接做出评判，直到你们达成理解。

倾听孩子内心的恐惧

父母可能会一口否定孩子的非理性恐惧。例如，父母会告诉孩子，怕黑是愚蠢的。父母不会考虑孩子的社交焦虑，而是要求他们要说话清晰响亮，要待人友善。作为成年人，我们会根据自己的经验做出简单的决策。但是，轻易否定孩子的恐惧，就意味着否定孩子的个性。

细心的父母会侧耳倾听，努力了解孩子恐惧的来源，以便更好地安抚他们。我们最近读到一个美国总统罗斯福（Roosevelt）小时候和他母亲的故事。母亲发现罗斯福非常害怕去教堂，尤其是不敢一个人独自去。她发现，罗斯福害怕的是一种叫作"热忱"（zeal）的东西。他担心"热忱"会蹲在教堂黑暗的角落里，准备随时跳出来攻击他。当他的母亲问他说的"热忱"是什么时，罗斯福说他不知道，但他认为"热忱"可能是一种巨兽或一条恶龙。罗斯福告诉母亲，他听到教堂里的牧师在《圣经》中读到过它。于是罗斯福的母亲拿出《圣经》，开始读那些含有"热忱"一词的段落，直到罗斯福突然激动地让她停下来。原来，让他害怕的是书里的这句话："我对你殿

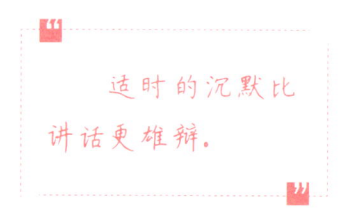

> 适时的沉默比讲话更雄辩。

宇所怀的热忱，将我吞噬。"

罗斯福的母亲通过耐心、温柔、细心地倾听和询问，最终弄明白了孩子的恐惧。她没有说："你这样很蠢，别再害怕了。"

当你不再轻视孩子的恐惧，而是试图理解恐惧的根源时，你就会发现孩子内心深处的一些别的想法。你的孩子也会更愿意与你亲近。

倾听孩子内心的痛苦

与孩子的恐惧相伴的，常常是他的痛苦。所有人都有内心无法言喻的痛处——这些痛苦常常以歇斯底里和攻击性的方式表现出来。细心的父母会敏锐地倾听孩子闹脾气的时候想表达的内容。

著名的说唱歌手和音乐制作人埃米纳姆（Eminem）以其暴力、有争议的歌词而闻名。他通过歌曲发泄一切不满，从单亲家庭不愉快的童年到对各种名人和主流媒体的蔑视。他的歌曲经常诋毁他人，包括他的家人。

埃米纳姆在他的说唱中称，他的母亲依赖社会福利，是个吸毒者，而且私生活放荡，是一个可怕的母亲。但他的母亲并不把儿子的话放在心上。她说："那只是艺术表达。"她还说："我儿子内心非常悲伤，他受到了很大的伤害，而且我能感受到。我可以看透我的儿子，我非常了解他。"

我们对埃米纳姆的母亲并不太了解，但她对她儿子的反应，饱含着她对儿子的关注。每一位能够在孩子愤怒的、攻击性的外表之下看到孩子痛苦的家长，都有巨大的勇气。许多父母是在用更强烈的愤怒来回应孩子的愤怒，尽管这种报复永远不会有好结果。一双体贴的、关心的耳朵往往比什么都管用。

在我（莱斯莉）7岁左右的时候，我曾经发过一次很大的脾气。如今我依然能清楚地记得当时的情景。但更令人难忘的，是我父母对我生气的反应。他们为我的行为设定界限、强调后果，但同时也并没有忽略我的感受。他们细心聆听我的诉说，便很快发现，我是因为不得不重读一年级而感到痛苦，当我所有的伙伴都升入二年级时，我却留级了。我当时的困境对一般成年人来说可能并不值得那么痛苦，对我来说却是致命打击。因此，我很感谢我的父母能够关注到我的这段经历。

用各种方式表达爱意

史蒂夫是我们认识的最细心的父亲之一。虽然我们认识史蒂夫和他的妻子朱厄尔很多年了，但直到他们的女儿切尔西成为我们大学的一名新生，我们才意识到史蒂夫对他的孩子是多么关注。开学后的几周，史蒂夫打电话到我们的办公室，问他是否可以给切尔西带一束玫瑰花，因为那天是她的生日。

我们欣然同意了，于是史蒂夫手捧玫瑰花出现了。他低调地走下大教室的过道，把花束递给他的女儿并轻声说道："生日快乐，切尔西。"切尔西开心得合不拢嘴，在场的一百多名学生自发地鼓起掌来。然后史蒂夫像进来时一样，很快就离开了。切尔西说，从她上小学开始，她的父亲就一直坚持在她生日那天给她送花。这个消息一出，许多女生都齐声发出了"哇"的惊叹声。

你觉得这个女孩会不会因此感受到来自她父亲的爱呢？毫无疑问，会的。细心的父母会了解他们的孩子，找到无数种表达爱意的方式。

讨论

1. 在 1 到 10 的评分表上，关于"做一个关注孩子的父母的重要性"，你给自己打多少分？为什么？
1　2　3　4　5　6　7　8　9　10

2. 在 1 到 10 的评分表上，关于"自然地倾听孩子没有说出的话"你如何打分？
1　2　3　4　5　6　7　8　9　10

3. 举一些你最近关注孩子的例子。你为什么认为这些例子能够说明你关注了你的孩子？

4. 什么时候是你重点关注孩子的时刻（比如，关注孩子对你来说是特别具有挑战性的）？是什么让这些时刻具有挑战性？你能做些什么来做好准备？

第 7 章
看到孩子的未来蓝图：
你是有愿景的父母吗？

孩子不是一个要被插满花的花瓶，
而是一支要被点燃的火炬。

在我（莱斯莉）13 岁生日时，爸爸妈妈给了我一个礼物，那是一个意外的惊喜，是一张绘图桌，被精心系上了一条大丝带作为礼物，此外还有我想要的全套绘图工具。在那一年多的时间里，我一直在念叨着我想当一名建筑设计师。我不知道这个念头是从哪里来的，也不知道我为什么要追求它，但这是我的梦想——就像我想在 NBA 打球一样天马行空！

爸爸妈妈注意到了我这个梦想。但他们不仅送了我绘图桌，接下来还为我这个梦想做出了很多实际行动。第二周，爸爸替我向老师请了一天假，跟他一起参观伊利诺伊大学建筑学院。他还约了几位大学的行政老师和我交流。我们在那里待了一天。

那天吃晚饭时，我向妈妈讲述了我和爸爸白天的冒险。我兴奋得手舞足蹈。在接下来的几个月里，爸爸妈妈会把与建筑有关的剪报放在我桌上，他们觉得我会感兴趣。一个周末，妈妈带我参观了弗兰克·劳埃德·赖特（Frank Lloyd Wright）在芝加哥附近的著名住宅。我的父母对我的梦想进行了投资，并帮助我规划了我的生活蓝图。

> 愿景是能够看到眼前看不见的事物的艺术。

不用说，我并没有成为一名建筑设计师。几年后，我开始接触心理学课程，建筑设计师的梦想逐渐淡化。但这并不重要。关键在于，父母曾经是，现在仍然是有愿景的父母——帮助我看到我未来可能需要什么，告诉我如何让梦想成为现实。

有人曾经问海伦·凯勒（Helen Keller）："还有什么比失明更糟糕的事吗？"她回答说："有视力，但没有愿景。"

愿 景

一个有愿景的人,是一个对未来有清晰、独特、具体的图景的人,"愿景"一词通常用在与技术或政治的进步上。苹果电脑的创始人乔布斯(Steve Jobs)可以称得上是有愿景的人。他预见到了全球很少有人能预见到的技术发展。当"愿景"这个词用在父母身上时,是指父母能够看到孩子潜在的未来蓝图。他们小心地不把自己的愿景强加给孩子,而是通过了解孩子的天赋、特质和梦想,来预想孩子未来的生活。换句话说,他们增强孩子对未来的期望,帮孩子规划他的个人愿景,从而让孩子对当下的生活充满希望和热情。

成为有愿景的父母的重要性

没有愿景，人类就会灭亡。对美好生活来说，愿景是至关重要的，因为愿景会激发做事的热情。当我们没有愿景时，我们对生活的热情就会消失，我们会彷徨，像行尸走肉一样活着。

帮助孩子建立未来愿景的父母，是在帮助孩子变得坚定和执着。教育家兼作家玛莎·西内塔（Marsha Sinetar）说："自我成就的欲望燃烧着，给了我们持久的力量。"她说的是热情、狂热、热心，也是激情。你还可以记住她说的——激情促发坚持。激情能使一个孩子在失败后振作起来，重新开始。为什么激情很重要？因为每一个伟大的愿景在实现的过程中都会充满失望和挫折。

有愿景的父母给他们的孩子带来的另一个价值是自律。想想看。每个有成就的人、每个追求伟大的有愿景的人，都会被反复问道："你的能量从何而来？你是如何做成这么多事的？"人们会对一个人能够达到如此成就感到惊讶，人们之所以问这些问题，是因为他们觉得，有很高成就的人如此高效一定是有秘诀的，他们一定知道别人不知道的诀窍。如果真有什么秘诀，那就是一个词：愿景。

> 未来属于那些相信自己的美梦的人。

愿景会激发激情，反过来又会促使不断成长中的孩子对重要的事情进行优先级排序。所以，有愿景的人几乎不用刻意努力。有激情的人很少需要别人替他们进行时间管理，因为激情就是内驱力。你能想象毕加索（Picasso）因为日程表上的安排是该去画画了，然后就拖拖拉拉地走进画室，强迫自己画画吗？那就太荒谬了。他画画是因为他忍不住要画画，他的激情促使他去画画。相反，他可能不得不强迫自己停下来吃东西，因为他舍不得浪费画画的时间。

我们的朋友乔治和阿丽斯夫妇有一个上高中的女儿汉娜，她热爱划船。汉娜经常需要早上五点半醒来，参加赛艇队的训练，为州际比赛做准备。乔治和阿丽斯会陪着她，因为他们是有愿景的父母，看到了她的愿景在帮她变得自律、有毅力、更成熟，这就是愿景的价值。

自测：你有愿景吗？

自测是为了带动你思考起来。不要担心，不要试图得到一个"正确"的答案，只要给出与你目前的想法相符的答案即可。将你的答案填入下表中。

选项		题目
是	否	关于我的孩子长大后应该做什么，我有强烈的主张。
是	否	我不太刻意关注我孩子的未来，我认为最重要的是现在。
是	否	作为父母，为孩子的未来规划一个愿景，在我的待办清单中排在很靠后的位置。
是	否	我的孩子最终找到自己的人生愿景取决于他自己，我要做的是不要插手，直到他确定自己的愿景后再支持他。
是	否	我对自己的未来没有什么愿景，但我仍然可以帮助我的孩子设立他未来的个人愿景。

评分：如果你对某道题的回答是"是"，"学习做有愿景的父母"将会使你受益。即使你对每道题的回答都是"否"，你也永远可以找到新的方法，变成更有愿景的父母。

如何成为有愿景的父母

我们一直津津乐道于迪士尼乐园早前在佛罗里达州开业时的盛况。当时华特·迪士尼（Walter Disney）已经去世，迪士尼夫人要在盛大的开幕式上发言。一位男士向她说："迪士尼夫人，我衷心希望华特·迪士尼先生能看到这一幕。"迪士尼夫人走上主席台说："他看到了。"说完她重新坐了下来。

她说得没错。华特·迪士尼很久之前就预见到了这一天，因为他有一个清晰的愿景。那么，父母如何去看到他们孩子的未来蓝图呢？怎样才能做到不把自己的想法和希望强加在孩子身上呢？

让孩子看到父母的梦想

如果你没有自己的愿景，你的孩子将更难达到你为他描绘的愿景。父母如果希望为孩子描绘的未来图景真正变成现实，首先需要对自己的未来有一个积极的预期和规划。为什么？因为有愿景并不是只为别人做规划，而是首先需要以身作则。

成为更有愿景的人可能对一些人来说是一种挣扎。我（莱斯莉）写的《你比你想象的更重要》中有一章名为"梦想像钻石一样珍贵",讲的是为自己的生活编织一个伟大的梦想——我收到了空前多的读者来信,都是关于这一章的。很多妈妈告诉我,她们在抚养孩子的过程中,早就把自己的梦想抛到脑后了。我很理解这些妈妈,但其实孩子需要看到父母也有梦想。

电影《心灵投手》（*The Rookie*）讲述了棒球运动员吉姆·莫里斯（Jim Morris）的故事,由丹尼斯·奎德（Dennis Quaid）扮演。年轻时莫里斯因肩部受伤不得不中止小联盟投手生涯,后来开始担任高中棒球教练,延续他最热爱的棒球事业。职业球队发现了吉姆的棒球天赋,于是与他做了一个交易：如果球队赢得地方棒球联赛的冠军,那么吉姆就去参加大联盟的试训。最后球队赢得了冠军,而吉姆要履行承诺,去做他从未预料到的事。

他的妻子洛里最初的反应是消极的。这对夫妇在纠结的时候,关系一度很紧张。一天晚上,当洛里在哄8岁的儿子睡觉时,她想起亨特是他爸爸最忠实的粉丝。

洛里与她的丈夫一起站在门前。

吉姆问道："孩子们睡了吗？"

"睡了一会儿了。"洛里回答道。

吉姆为他们两人之间的紧张关系道歉,并提出他想要放弃打棒球的机会。但洛里的内心却动摇了。

她说："我们有一个8岁的男孩,他整天都在盼着见证自己的爸爸实现人人都认为不可能的梦想。如果你现在突然说要放弃,我们该怎么跟他解释呢？"

吉姆受到极大鼓舞，决定勇敢一试。尽管年纪不小了，但吉姆·莫里斯还是用他速度惊人的快速球，拿到了一份大联盟的合同。最重要的是，他给儿子树立了一个坚持追梦的榜样。

我们要再说一遍：有愿景的父母对自己也有一个愿景。

给孩子传递未来的祝福

什么是"祝福"？就是你知道世界上有人无条件地爱你、接纳你。当你在为孩子描绘一个独特的未来蓝图时，你就是在给予他祝福。看到孩子独特的未来，就像在黑暗的夜晚为他生起篝火。这让孩子感受到"被真正关爱以及潜能得以实现带来的温暖，而不是独自面对未知的黑暗"。

因此，当你点亮孩子的未来之路时，不要忽视带着无条件的爱和接纳去祝福孩子。18世纪美国画家本杰明·韦斯特（Benjamin West）就是一个很好的例子，他从小就得到了这种祝福。他讲述了自己小时候有多么热爱绘画。有一天，当他的母亲离开家时，他拿出所有的颜料，弄得一团乱。他希望在母亲回来之前能清理干净，但母亲很快回来了，并看到了家里乱糟糟的景象。不过，母亲接下来所做的事情让他非常意外。她拿起韦斯特的画，说："天啊，你把妹妹画得真漂亮。"然后她在儿子的脸颊上亲了一下，就走了。韦斯特说，正因为这个吻，他成了一名画家。

每一天的日常生活中,你都有机会为你的孩子描绘出一幅美好的蓝图——即使是在他们看起来把事情搞得一团糟的时候。每当你在这幅蓝图上添上一笔,你都在给予孩子无限的祝福。

讨论

1. 下面是从 1 到 10 的评分表。关于"愿景对为人父母的重要性",你会如何打分?为什么?

1　2　3　4　5　6　7　8　9　10

2. 下面是从 1 到 10 的评分表。关于"能够自然地表达孩子是有愿景的",你会如何打分?为什么?

1　2　3　4　5　6　7　8　9　10

3. 你最近一次帮助孩子描绘独特的未来蓝图是在什么时候?那时你做了什么,孩子又是如何回应的?

4. 你计划下次在什么时候为你的孩子描绘未来蓝图?你现在可以做什么,来推进你的计划?

第8章
建立更好的联结：
你是有联结感的父母吗？

为了让孩子们明天的记忆中有你，
你必须参与到他们今天的生活中。

"甜甜圈约会"是我（莱斯莉）和妈妈的专属。从我六年级开始，我妈妈每周都会和我在附近的甜甜圈商店约会，直到我离开家去上大学。我们没有固定的日程安排，没有一起读书、复习功课，或类似的其他安排。我们只是随便谈论那一周发生的事情——通常涉及人际关系的问题。妈妈总是扮演倾听者的角色，从不会在我没有提出请求的情况下就帮我解决问题或提建议。回想起来，我才意识到与妈妈在一起的这些时光是多么珍贵的礼物。她是一位牧师的妻子，非常忙碌，虽然她有很多其他活动要参加，但她把我们的甜甜圈约会当作头等大事，从未缺席。时至今日，我们之间依然有很强的联结感。

我（莱斯）和莱斯莉的经历类似，我也有一个亲近孩子的好榜样：我的父亲。我父亲会阅读我在学校用的教科书，以便我们一起讨论。但我们的讨论不仅仅是学术性的，这些书只是一个媒介，让我与父亲之间产生有意义的联结。事实上，在高中二年级的时候，我做了关于俄勒冈小道的研究，并写了一篇相当长的论文。

有一天，爸爸和我聊起我的论文中提到的很棒的马车旅行，当时我们都一致认为："今年夏天我们也应该一起去试试。"我忘了我们谁先提出这个想法，但我们确实这样做了。我们两个人花了十天时间，从密苏里州开车到哥伦比亚河口，沿途遇到我们特别感兴趣的地方都会停下来。我永远不会忘记这段经历。我和父亲当时建立的情感联结一直延续到今天。

也许因为小时候父母为我们树立了榜样，所以我们夫妇俩很重视建立与两个儿子之间的强烈情感联结。也许你也同样希望和你的孩子建立强烈的联结。本章将致力于帮助你实现这一愿望。照例，我们先聊聊"联结"到底意味着什么。

联 结

我们所说的"联结",是指建立融洽的关系。有联结感的父母会与他们的孩子保持联系。那么怎么去建立联结呢?主要是通过沟通——这就是为什么你会听到人们常说"让我们保持联系",他们的意思是,"让我们多沟通。"

英语单词 communication(沟通)来自拉丁语,意思是"共同的"。这就说得通了,不是吗?当我们发现自己和另一个人有共同之处时,彼此的联系就变得更紧密。

亲子关系也是如此。当你和孩子有了一些共同点,你们就更容易心灵相通,你们就会站在共同的立场上思考问题。善于亲近孩子的父母会找到不同的方法认同和支持孩子。

成为有联结感的父母的重要性

尼克·斯蒂内特（Nick Stinnett）是美国最有影响力的临床研究者之一，致力于研究到底是什么因素铸就了健

> 父母能给孩子的最好的财富是每天几分钟的陪伴。

康的家庭。斯蒂内特和他的同事们建立了世界上最大的健康家庭数据库。他们的工作先是在俄克拉何马州立大学开始，后来又到了内布拉斯加大学。他们在采访了数以千计的成功家庭，分析出了"好家庭"的6个指标。其中最重要的指标就是，父母对每个孩子无条件的承诺与付出。用斯蒂内特的话说，"健康家庭的成员都很注重增进彼此的幸福快乐。他们不仅仅用语言表达，还会实际地投入时间和精力来为彼此付出。他们对彼此的承诺与付出是积极的、显而易见的。"

承诺与付出，是成为有联结感的父母的关键所在。大多数父母都认同，承诺与付出是极其重要的特质。人们也容易误以为这个世界上有很多好家庭可以做到这一点。但不幸的是，父母认同这个特质，并不意味着他们就会践行这个特质。

彼得·本森（Peter Benson），一个独立的非营利性组织"探索研究所"的负责人，他的使命是促进儿童、青年和社区朝着更健康、更美好的方向发展。他说："人际关系对于人类发展是不可或缺的，其重要性就像氧气之于生命。我们的工作是力图让大众意识到联结感的重要性，我们生来都有联结的力量，只是大多数人都没有好好使用它。"

很可惜，对不对？每个父母都有潜力建立有意义的联结感，但有太多的父母实际上并没有这样做。这真的重要吗？当然！根据哥伦比亚大学成瘾和药物滥用中心（CASA）进行的一项调查，约 1/5 的美国青少年表示，他们与"甩手不管型"的父母（或教养者）生活在一起，这些父母未能坚持不懈地制定规则和监控他们的行为。与"甩手不管型"的父母一起生活的青少年，吸烟、饮酒、吸毒的风险比那些在"亲手参与型"父母教养下的青少年高 4 倍。研究还表明，大人参与孩子的生活，有助于孩子变得自信、富有同情心和善于交际。

自测：你和孩子的联结感如何？

自测是为了带动你思考起来。不要担心，不要试图得到一个"正确"的答案，只要给出与你目前的想法相符的答案即可。将你的答案填入下表中。

选项		题目
是	否	我知道我的孩子的梦想是什么。
是	否	我清楚孩子在学校里发生的事情，包括最好的事和最坏的事。
是	否	我知道我的孩子最害怕什么。
是	否	我能说出孩子的6个小伙伴的名字以及这些孩子的父母的一些信息。
是	否	我定期抽出时间和孩子进行一次有意义的聊天。

评分：如果你对某道题的回答是"否"，"学习做有联结感的父母"将会使你受益。即使你对每道题的回答都是"是"，你也永远可以找到新的方法，加强与孩子的联结。

如何成为有联结感的父母

莱德贝特是一位工业设计师,他们一家人住在西雅图离我们家不远的地方。他们一家人都喜欢在家里待着——只是不在同一个房间。他们建造了一所330平方米的房子,为他们的两个孩子分别设置了独立的起居区,主卧则离两个孩子非常远。房子里有专门用于学习和缝纫等活动的房间,还有一个密室,莱德贝特说:"任何家庭成员都可以在这里独处。"

这位来自华盛顿州默瑟岛的工业设计师说,他7岁和11岁的女儿现在很少吵架,因为新房子让她们有很多空间可以避开对方。

在常见的家庭住宅的开放式平面布局里,家庭活动在一个很大的中央客厅和开放式厨房里展开,这样每个家庭成员都可以更容易地彼此联结。但这个家庭却选择了互相隔绝的清净生活。

"这对功能失调的家庭来说倒挺好,"美国住宅建筑商协会的研究主任戈帕尔·阿卢瓦利亚(Gopal Ahluwahlia)说,"所有切割空间都会让这个家变得比以往更孤立、更孤独。"

你可能与莱德贝特一家人不同,你希望尽力与你的孩子建立健康的关系。因此，让我们来看看有联结感的父母有什么特点。

他们善于倾听，所以孩子也愿意表达

被人误解是一种糟糕的经历，无论是被配偶、朋友，还是你的老板误解。当人们误解你时，他们就会对你有偏见。如果他们持续这样做，你就不想跟他们有任何交集。

你的孩子也会有同样的感觉，如果他们觉得一直被父母误解，就不愿意靠近父母，而是去找别人交流。但是，当他们知道父母理解他们，至少是"想理解他们"，他们就会和父母走得更近。在这个过程中，倾听很关键。

你倾听孩子说话，就是在无形中告诉孩子，他很重要。无论是学龄前儿童还是青少年，他们说话时父母全神贯注地倾听，最能鼓舞到他们。

怎样才能成为更好的倾听者呢？让我们从最基础的开始。首先，孩子说话时，你要看着他的眼睛。当然这并不是说你要一直盯着孩子看。我们的意思是，孩子来找你说话时，你需要把手头正在做的事情放下，看向孩子，跟孩子有眼神交流。如果孩子尚幼，你可能还需要蹲下来，和孩子在同一高度，看着他们的眼睛，听他们说话，他们会更喜欢你。

在我们家，我们把倾听作为一种日常的仪式，我们称之为"疯悲喜游戏"。大多数时候，在某个任意时刻——比如吃饭时、堵车时或睡觉时，我们会说："我们来玩'疯

悲喜游戏'吧。"孩子们知道这是什么意思。首先,我们每个人都会说一件那天让我们生气的事。例如,约翰可能会说:"内森在课间活动时把我的球抢走了,我有点生气。"我们会认真地听,并在听完后提出问题。然后我们再轮流讲一件让我们伤心的事情。例如,约翰可能会说:"图书馆有一本书我很想借来看,但乔丹在我之前拿到了那本书,我有点难过。"最后,我们会分享一件让我们高兴的事。例如,约翰可能会说:"我真的很高兴,我们今天能去奶奶家游泳。"

这个小仪式很简单,但它可以非常神奇地让所有年龄段的孩子敞开心扉。有时,孩子们不在身边,夫妻二人也可以玩这个游戏。这个游戏很方便,可以帮助家庭成员在日常生活中彼此用心倾听。

另一个倾听的方法,是写亲子日记,你也不妨一试。一位朋友从女儿9岁的时候就开始写亲子日记了。这实际上是一本母女日记。例如,某个晚上,女儿会把日记本放在母亲的床头柜上,让母亲来写。第二天晚上,妈妈又把日记本放在女儿的枕头旁,让女儿接着写。通过这本小小的日记,她们分享秘密、解决争端、讨论生活。如果写日记符合你孩子的风格,孩子就可以通过日记知道你在倾听。和孩子一起去买一个笔记本,写下第一个问题,然后就可以开启日记里的对话了。你可以在日记里询问孩子的学校、朋友、读书情况或讨论孩子感兴趣的事。最好问一些开放式的问题,比如"说说你今年看过最好的电影是哪一部"。

这样的问题会引导出更深入的信息，同时也能体现出你是真诚地在倾听。

他们善于表达，所以孩子也愿意倾听

"嘿，儿子，今天在学校怎么样？"
"还行。"
"今天有什么好玩的事吗？"
"并没有。"
"一会儿想出去吃比萨饼吗？"
"想去。"

你有没有和你的孩子进行过这样的对话？几乎亲子间都会有。

那么，如何才能进行高质量的亲子对话，并让你的孩子乐于参与呢？

> 大多数青少年在青春期后会更想靠近父母。

对话要始于关心。然而，如果你让人们列一份良好沟通的要素清单，你会发现，关心通常不在清单上。一旦你的沟通中少了关心，你的孩子会立刻察觉到。关心消失后，对话就结束了，因为没有继续讨论的必要了。

因此，如果你想让孩子听你说话，你必须确保你是全身心投入你们的对话的。如果你表现得心不在焉，或不感兴趣，你的孩子也会不在乎。

你可能想知道在实践层面上你可以做些什么来进行真

> "高质量时间"是指你和孩子敏锐地关注彼此的共处时间。你们享受一起做某件事,哪怕只是一起待在屋里或开车出去兜兜风。

正引导孩子的亲子对话。有一个效果极佳的游戏,"网球说话",玩起来很容易。

你需要准备两样东西:一只网球、一个计分本。可能孩子已经十几岁了,不太想和你玩这个游戏,这时候可能会有个说服的过程。为了引起他们的注意,你可以告诉他们,这个游戏将改善他们与朋友的关系。

游戏开始时,请坐在离孩子不远的地方,问一个开放式的问题。例如,"你感觉你的老师怎么样?"你一提出问题,就把网球扔给你的孩子。孩子回答完问题之后,再把球扔回给你。接下来,你可以再追问一个问题,例如,"你觉得老师严厉吗?"然后把球扔回去。孩子每回答一个问题,就得10分;当得到50分时,你可以奖励孩子一个小奖品。玩几轮后,把角色换过来,让孩子问你问题。这个游戏真正的意义在于——培养孩子在和他人对话中表现出兴趣的能力和与他人建立联系的能力。

研究表明,人们会认为,善于提问的人比只谈论自己或根本不说话的人更有趣,更好沟通。简而言之,我们喜欢问我们问题的人。下次你有成年朋友来家里做客,你也可以鼓励你的孩子与客人玩这个"网球说话"游戏。当然，也不一定要用扔网球这个形式。网球只是单纯地给孩子一个心理表征，让孩子利用这个媒介来表达自己。

所以试试"网球说话"。你可能会发现这是一种有趣而简单的方式来享受和孩子的对话，超越了单纯的语言交流。

充分利用高质量时间

一天早上，比尔与两个年幼的女儿克里斯汀和麦迪逊待在一起享受这个宁静的早晨，他才意识到，自己以往没能花足够的时间陪伴女儿。他跟女儿们道歉之后，说："你们知道，比起我们在一起的时间有多少，我们在一起的质量更重要。"

6岁的克里斯汀和4岁的麦迪逊并不太理解。

比尔解释说："数量意味着有大量时间，而质量意味着我们在一起的时间有多美好。你更想要哪一种？"

克里斯汀立即回答："我要大量的、高质量的时间！"

最近的研究支持了克里斯汀的观点。证据清楚地表明，孩子花时间与父母交谈，参加家庭活动和聚餐，并与父母一起建立家庭传统，就不太可能参与不良活动。在这些与父母相处的时间里，孩子们往往更容易对敏感话题敞开心扉，并更深入地探讨这些问题。关于学校、价值观、朋友、科学发展等方面的对话很少，只在漫长一天即将结束时的10分钟"高质量时间"里进行。

接下来，我们将分享一些实用的方法，让你和孩子拥有高质量时间。首先,一起吃"慢食"。这听起来很简单,但当你整日忙于工作、孩子的乐队练习、猫的兽医预约、少年棒球联盟等活动时,开车去最近的汽车穿梭餐厅买点食物填肚子,可能已经成了你的日常习惯。这真是太糟糕了,因为在餐桌才是进行有意义对话的最佳场所之一——尤其是你的孩子正值青春期时。一项针对 4600 名青少年的研究发现,与家人一起吃饭较多的青少年,其吸烟、酗酒和吸毒的比例明显较低,平均成绩较高,抑郁症发生率也较低。

因此,全家人尽可能多坐下来一起吃饭,是一个更好的选择。家里的饭菜更有营养,而且在这种慢节奏的进餐过程中,你可以通过良好的谈话来增进家人间的联结感。

还有另一个方法:带孩子享受一对一的度假。我(莱斯)在前面谈到过我和父亲沿着俄勒冈小道旅行的事。那十天让我留下了很多美好回忆——我也希望能和我的孩子们一起创造这类回忆。

我们的朋友莎拉和威尔早就答应他们的孩子,当他们年满 16 岁时,可以和爸爸妈妈一起去共度长假。唯一的要求是,度假地点要在国内,而且孩子们必须帮忙做旅行攻略。

萨拉说:"因为资金紧张,所以,为了攒钱度假,我们不得不放弃很多。但我们知道与孩子在一起的时光才是最重要的。"在青少年时期,孩子们与父母单独相处的时间就像是为孩子们打开了一条通道,提醒他们,当他们走向社会时,他们与父母的联结永远通往世界上最安全的地方。

如果没有长假,也可以和孩子共度双休日。如果周末旅行不行，在当地露营也可以大大增强你与孩子之间的联结感。

要点是时间。如果你要成为一个有联结感的父母，你必须投入时间。无论是在吃饭的时候，放学后吃点心的时候，坐车的时候，还是在睡觉的时候，有联结感的父母都会在他们日常快节奏的生活中创造出高质量的共处时刻。

讨论

1. 在 1 到 10 的评分表上，关于"做一个有联结感的父母的重要性"，你打多少分？为什么？

1 2 3 4 5 6 7 8 9 10

2. 在 1 到 10 的评分表上，关于"能够自然地与孩子建立联结感"，你为自己打多少分？

1 2 3 4 5 6 7 8 9 10

3. 在什么时候，你最有可能感到与你的孩子的联结？具体的环境条件是什么？你的孩子同意你的说法吗？你会说什么或做什么来表达你和孩子的联结感？

4. 下一次你与孩子建立联结感的契机是什么时候？你现在可以做什么，让这个机会更可能实现？

第9章
庆祝孩子成长的里程碑：
你是有仪式感的父母吗？

庆祝那些你希望多多益善的事物。

我们在全国各地的数百个婚姻研讨会上发过言，而我们几乎总会提到的主题之一就是婚姻内部的"潜规则"。这是夫妻双方在进入婚姻时就埋藏在心里的、未被言说的期待。为什么这种期待是未被言说的？因为丈夫和妻子都没有意识到他们有这样的期待，直到有一方打破了在期待下建立的规则。多年来，我们听到的所有夫妻生活的潜规则中，最常见的潜规则是与庆祝生日和节日有关的。例如，一方的潜规则可能是："生日应该提前几周就开始计划和筹备，这样伴侣才会感到来自爱人的生日祝福。"当然，这条规则并没有被直接表达出来——至少，直到另一方打破这条规则之前是这样的。

有人在家人都非常重视生日的家庭中长大。家人会提前准备生日宴会，并且常常邀请亲朋好友一起来庆祝。而在另一些人的家庭中，可能生日时收到一张贺卡都会觉得很幸运。当两个来自不同家庭的人结婚时，自然会火花四溅——我们说的可不是生日蛋糕上蜡烛的火花。

无论你的原生家庭是否重视庆祝生日，我们都将在这一章中帮助你成为有仪式感的父母。因为，当我们与孩子们一起纪念有特殊意义的日子时，我们是在以一种有力的方式向他们表达爱，他们会铭记于心。

回想一下你最难忘的生日。还记得你的礼物吗？你甚至可能回忆起当时的装饰、在场的人以及你的感受。童年的庆祝活动会深深地刻印在我们的记忆中。

我（莱斯莉）最难忘的生日是我8岁的时候，我有机会装饰自己的巧克力生日蛋糕，那个蛋糕放在一个银色的托盘上。我记得最清楚的是，我在开门时发现了我心心念念的生日礼物——一只小狗。

由于我们清楚地知道庆祝活动的价值，莱斯和我一直在努力举办让孩子印象深刻的聚会。我们的儿子约翰是早产儿，当我们渡过一个个医疗难关之后，我们给他举办了1岁生日宴会。宴会邀请了100人参加，包括他的外科医生、其他医生和护士，以及我们在新生儿重症监护室认识的其他家庭（约翰在新生儿重症监护室度过了他出生后的头三个月），还有来自全国各地的亲戚朋友。很显然，约翰不会记得这个特殊的日子，但他可以通过回顾这些照片和家庭录像，看看我们是如何庆祝他的第一个生日的。

仪式感

字典中将"仪式感"定义为"对发生的好事或特别的事表示高兴。"有仪式感的父母会计划通过庆祝活动来纪念每一个值得纪念的日子。

英语的 celebrate 源于拉丁语的 celebratus，意思是"著名的"或"出名的"。从某种意义上说，这就是我们在庆祝时所做的事情：我们让一个特殊的事件或经历变得出名——即使可能只是在我们的直系亲属范围内。

庆祝孩子有纪念意义的事件，等于是我们在对孩子说："我重视你，我关注你的生活。当你有好事或特别的事情发生时，我感到很高兴。"这就是父母为孩子庆祝的意义。

成为有仪式感的父母的重要性

这个星球上的每一个小生命都有值得庆祝的时刻。当然，最值得庆祝的日子是生日，这种庆祝是相对容易的。但还有很多其他有纪念意义的日子也值得庆祝。有教育方面的里程碑，如高中毕业或大学毕业；有发展中的里程碑，如不再睡婴儿床、学会游泳、获得驾驶执照、第一次恋爱等；有情感上的里程碑，如改掉旧习惯、用更成熟的方式与兄弟姐妹交往。每个孩子的生命中都有许多值得庆祝的时刻。

庆祝活动向孩子传达了强大的爱的信号。琳达·克里克讲述了在她女儿3岁生日前的两个月里，女儿桑迪每天无数次地说着："我想办一个生日聚会。"当这个重要的宴会终于顺利完成时，桑迪仍然会告诉大家："我办了一个生日聚会。"几个星期后，琳达和她的丈夫对这种重复终于感到厌烦了，告诉桑迪不要再念叨聚会的事了。整整一天，桑迪对此事只字未提。"但是当天晚上我给她盖好被子时，"琳达接着说，"我听到她在被窝里悄悄自言自语地说：'我办了一个生日聚会。'"

这是一个小女孩喜欢庆祝的故事！但是，她和其他孩子并没有太大区别，孩子们喜欢庆祝活动，因为这些庆祝活动提醒他们，自己是被爱的。

在一项关于美国人新年时最喜欢活动的调查中，做大餐和送礼物都排在前列，不过排名第一却是"家庭传统庆祝仪式"。现在你的脑海中可能开始浮现小时候在家过新年的回忆了，这些家庭传统可能会让你产生自己被爱着的温暖情绪。家庭庆祝活动几乎都是如此——这就是为什么成为一名有仪式感的父母如此重要。

自测：你是有仪式感的父母吗？

自测是为了带动你思考起来。不要担心，不要试图得到一个"正确"的答案，只要给出与你目前的想法相符的答案即可。将你的答案填入下表中。

选项		题目
是	否	做有仪式感的父母意味着要举办大型的派对，超越孩子以往参加过的其他派对。
是	否	孩子的庆祝活动基本也就是生日和毕业典礼。
是	否	通过庆祝活动传递的主要信息应该是"看看我多愿意为你付出"。
是	否	如果你偶尔庆祝一下孩子的成就，他就会相信他有资格得到认可和夸赞。
是	否	做一个有仪式感的父母很容易，不需要太多努力。

评分：如果你对某道题的回答是"是"，"学习做有仪式感的父母"将会使你受益。即使你对每道题的回答都是"否"，你也永远可以找到新的方法，变得更加有仪式感。

如何成为有仪式感的父母

迈克的母亲带他去医院做幼儿园入学体检。接待他们的护士在填写他的病历时问道:"你的出生日期是?"

"2月25日。"迈克回答。

"哪一年?"护士接着问。

"每一年。"迈克回答。

回答得很好!在孩子的心中,重要的是庆祝活动,而不是历史数据。

因此,如果你是一个想通过这种有意义的庆祝活动来纪念孩子重要时刻的父母,你能做什么?请允许我们分享几个实用妙招。

先放下手边的工作

我(莱斯)必须承认,如果不是因为我的妻子莱斯莉,我们家就不会像现在这样经常有庆祝活动。我是任务导向型的人。当莱斯莉停下来闻一闻一朵寻常的玫瑰花时,我却停不下手中的工作,不断赶进度。就像颇有成就的电影制作人杰里·布鲁克海默(Jerry Bruckheimer)曾说的那样:"我从不回忆和庆祝过去。我只是总在担心下一部电影如何制作。"

我知道他是什么意思,于是后来我开始用更多时间学习如何在努力工作之余，腾出空间做一些有仪式感的事。就在我写这一章的时候，我清晰地意识到，我希望我的孩子们能记住我是一个有仪式感的父亲。我想让他们知道，他们的父亲乐于庆祝他们的生日、成就，以及他们的一切！

不重视仪式感或许是许多忙于工作的男人的通病。当我和其他爸爸谈论仪式感的时候，他们中的许多人都有同样的感觉。这不一定是性别问题，但是，如果你像我一样认为庆祝活动并不轻松，也许你需要把你的工作放在一边，学会享受庆祝活动。

> 仪式不仅是喜悦时的庆祝，也使我们在悲伤中与人建立深度联结。仪式总是不断重复，将当下置于更宏大的语境中，并赋予当下更广阔的意义。

就在最近，我读到一篇杂志文章，是对歌手拉斯·塔夫（Russ Taff）的采访。在采访中，他这样说："我从小到大都是特别看重结果的。我从小就被教育说：'就算你有一个格莱美奖，又怎样？你得再拿一个回来。'我从来都不会坐下来享受。但是自从有了孩子，我学会了坐下来，而且特别享受！"

拉斯的变化是好事。对所有以任务为导向的父母来说，学会享受一场对孩子来说意义重大的庆祝活动，也是好事一桩。

准备大大的惊喜

亚历克莎·雷的父亲是一位流行音乐家。12岁生日那天,她在纽约,而她的父亲在洛杉矶。早上,父亲给她打电话,为他的缺席道歉,并告诉她今天会有一个大包裹寄来。到了晚上,门铃响了,亚历克莎打开门,发现一个包装鲜艳的、一人高的盒子。她撕开盒子,发现父亲从盒子里走了出来,他刚下飞机,从西海岸飞过来。你能想象亚历克莎当时有多惊喜吗?

有仪式感的父母知道如何策划惊喜。我们的朋友琳达最近告诉我们,她8岁生日时,她的母亲策划了一个早餐惊喜派对。她的妈妈向琳达朋友们的父母发出了邀请,并提醒他们:"这是为琳达和她的小姐妹们举办的惊喜生日派对,先不要告诉您的孩子。"父母们严守这个派对的秘密。接着,在星期六早上7点,琳达的妈妈开着她的小货车,带着穿着睡衣的琳达来到每个女孩的家里,挨个叫醒她们,让她们来参加早餐派对。"天哪,她们好惊讶!"三十年后琳达笑着回忆起当时的情景,就像昨天发生的一样。"太有意思了,我们叫醒前一家的女孩,她再跟着我们去叫醒下一家,然后我们都穿着睡衣去了我家!"

琳达的妈妈做了生日煎饼,让女孩们用准备好的香蕉片、草莓、蓝莓、巧克力和奶油装饰生日煎饼。最后,女孩们为集体合影制作了相框,早餐惊喜派对圆满结束。

有仪式感的父母自然需要费神去想一些创造性的点子,

> 我们活在当下，每天都要庆祝生活，因为我们知道，我们做的每一项工作、每一次行动、每一件事，都在变成历史。

但这些努力和付出是值得的。正如俄罗斯作家鲍里斯·帕斯捷尔纳克（Boris Pasternak）所说："惊喜是生活赐予我们最棒的礼物。"有仪式感的父母最能理解这样的礼物。

记录孩子生活的点点滴滴

最近，约翰和杰克逊在没有我（莱斯莉）和莱斯的提示下，自己从书架上抽出他们的宝贝成长手册，开始翻阅。他们把自己的大拇指和他们宝宝时期的脚趾进行了比较，还把自己的头发与他们第一次理发时留存的一小撮胎毛进行了比较。他们笑着讨论他们有生以来学会说的第一句话是什么，高兴地重新阅读好朋友给他们寄来的第一个生日贺卡。

> 你越是赞美和庆祝你的生活，生活中就有越多值得庆祝的东西。

我有时会感到内疚，他们刚出生那几年的经历，这些成长手册里没有记录那么多，但我很高兴他们喜欢回顾手册里这些爸爸妈妈设法捕捉到的他们生活中的细节。当我们播放家庭日常视频、展示他们小时候的照片时，他们的兴奋情绪更加明显。莱斯像个摄影迷，拍了无数张两个小家伙的照片。他还把许多照片配上音乐，保存在电脑中，以便我们能随时观看。

每当父母通过日记、纪念品、照片或其他任何东西记录孩子的生活时，他们的孩子会感到被重视和被爱。这才是最重要的。这种有形的纪念品有助于强化过往经历的记忆。科学家约翰·麦克龙（John McCrone）说："你做的绝大部分事情都会在短短几周内被遗忘，除非有日记和照片等记录辅助你，否则记忆检索的效果会成倍下降。"

另外，如果你有不止一个孩子，你可能已经意识到，要确保老大和老小都得到同样多的关注，这对父母来说是个挑战。毕竟第一个孩子降生时，你无比兴奋，你对宝宝的记录可能近乎痴迷。医生玛丽安·内弗特（Marianne Neifert）说："第一个孩子的每个里程碑往往会被仔细观察、拍照、记录、回顾和复述，分享给亲朋好友。而后出生的孩子也同样值得这般认真对待。"所以，要特别注意记录弟弟或妹妹的经历。

记录孩子的成就

小男孩格雷森上学后的几年过得并不轻松。他一年级的时候被坏孩子欺负，后来转到一所新学校。在其他孩子课间休息时，他需要去接受辅导员的额外指导，并付出了很多努力治愈一年级时留下的创伤。为此，他的妈妈朱莉在学年结束时为他举办了一场盛大的聚会。朱莉租了一个当地的旱冰场，并邀请了他所有的老师和同学一起来享受几个小时的狂欢，我们的儿子约翰也是其中一位。几个月后，约翰还在高兴地谈论那次聚会："还记得克鲁特沃斯特老师那天滑冰时摔倒的样子吗？"这次活动标志着格雷森顺利融入学校环境，是他成长中一项特别重要的成就——他的妈妈不打算让这项成就悄无声息地过去。

这就是有仪式感的父母所做的。当其他人可能没看到孩子正在实现的成就时，有仪式感的父母会表达出："我们看到了，你做到了——我们为你骄傲！"

大多数人都会为隆重的毕业典礼或找到第一份工作而庆祝。除此之外，有仪式感的父母也会寻找其他任何值得肯定的成就来庆祝：可能是学会游泳或骑自行车，也可能是通过了一项特别难的高中课程，也可能是实现了一项个人目标。秘诀在于，有仪式感的父母会强调那些其他人甚至都不会注意到的孩子的成就。

讨论

1. 在 1 到 10 的评分表上,关于"做一个有仪式感的父母的重要性",你可以打多少分?为什么?
1 2 3 4 5 6 7 8 9 10

2. 在 1 到 10 的评分表上,关于"自然地做一位有仪式感的父母"你如何打分?
1 2 3 4 5 6 7 8 9 10

3. 具体来说,除了生日和传统节日外,你什么时候最有可能为孩子庆祝?你的孩子同意你的说法吗?

4. 下一个你可能为孩子庆祝的特别的场合是什么时候?你现在能为这场庆祝做些什么准备?

第 10 章
信守承诺：你是真实的父母吗？

> 过正直的生活吧，
> 让孩子想到公正时就想起你。

最近的一天晚上，当莱斯莉和我（莱斯）从朋友家吃完饭回来时，儿子约翰和杰克逊已经上床睡觉了。我们询问了保姆孩子们的情况，然后溜进孩子们的房间，亲吻他们并道晚安。

"爸爸，我能吃冰激凌吗？"杰克逊小声说。

"不行，杰，已经很晚了，早该上床睡觉了。"

"但是你答应过我，今天会买冰激凌回来的！"

孩子说的没错，那天他提出要吃冰激凌，我告诉他："如果你把饭里的绿豆都吃光了，我就给你买冰激凌回来——我保证。"

等晚餐结束后，我们打扫完厨房，孩子们拿起玩具开始玩。保姆来了。莱斯莉和我就出门去跟朋友们共度良宵。

后来我完全忘记冰激凌的事情了，但杰克逊没有。

> 没什么财产比诚实更值钱。

所以，尽管已经过了晚上 10 点，我还是开车去小超市买了一大桶冰激凌，然后匆匆赶回来。杰克逊和我在深夜一起吃了一碗冰激凌。我为什么这么做呢？因为我想告诉他，他父亲是一个信守承诺的人，我也希望我的孩子们在成长过程中相信爸爸的话。我想让他们知道，爸爸是可以信赖的——是真诚、真实、可靠的。

当然，兑现买冰激凌的承诺与父母有时需要做到"真实"相比，简直是微不足道。

迈克尔·乔丹（Michael Jordan）是 NBA 多年来无可争议的领军人物，但有趣的是，他并不是收入最高的球员。有人问他为什么不像其他球员那样抵制合约条款，要求加薪。迈克尔回答说："我一直信守承诺。我追求安全感。我有六年的合同，我一直遵守着。人们说我得到的报酬过低，但那是我在合同上签过字的，我是一个信守承诺的人。"

他解释说，如果他的孩子们看到自己的父亲打破合约，他就不能再理直气壮地教育他的孩子们言而有信。迈克尔·乔丹没有要求重新修改合同，身体力行地向孩子们表明："你们要信守诺言，即使这可能对你们不利。"

你认为他的孩子们会引以为戒吗？当然会！他们看到父亲就是这样生活的。迈克尔·乔丹不是言传，而是身教。他们的父亲是真实的。为人父母，时刻保持真实并不是那么容易。

真实

在词典里查找"真实"这个词,你会发现各种各样的近义词:真正、诚挚、忠实、不容置疑。但你也会发现,"真实"的词义里往往包含一条:"值得信任"。这是真实的核心意义。真实的希腊语是 anyein,意思是"完成"。任何在孩子眼中值得信任的父母,都是了不起的。

以身作则、言而有信是对真实父母的要求。真实的父母既要做到真诚,同时又要给予孩子信任和尊重。这并非易事。当你忠于自己的信念时,你就会在最深、最脆弱的层面,面临被拒绝的风险。这样做的父母都面临被拒绝而引发的痛苦。

你以为我们是在说,真诚会增加你最终被拒绝的可能性吗?并非如此。每次当你信守诺言时,你都在向你的孩子展示你是多么值得信赖。

如果一个孩子不断质疑父母是否真实，一次又一次地怀疑爸爸或妈妈是否说的是真话，那么他将永远与"信任问题"作斗争。去问任何一位心理学家，你都会得到相同的回答：如果在家庭中没有真实可信的关系作为坚实基础，孩子成年后会对权威人物以及周围的其他人产生深深的怀疑。

如果亲子间不信任的程度太深，父母就不知不觉地剥夺了孩子寻找朋友和爱情的能力。美国画家沃尔特·安德森（Walter Anderson）说："当我们信任他人的时候，我们是最脆弱的。但矛盾的是，如果我们不能信任他人，我们也不能找到爱。"信任他人的能力是真爱的基础。即使遇到了某个可靠的人，一个惯于不信任他人的人，也不会发现那个人是可靠的。这就是梭罗（Thoreau）说的："我们总是通过找到可疑的东西来证实我们的怀疑。"换句话说，如果一个人无意中养成了怀疑他人的习惯，那么他就总会陷入不信任、阴谋论的局面。

成为真实的父母的重要性

每个孩子都需要值得信任的真实的父母。"真实"这一坚如磐石的品质，会让孩子的精神世界充满爱。

真实会让人感到一种无法言喻的舒适！既不用左思右想，也不用斟酌说话方式，就像把糠秕和谷粒统统倒在一起，确信有一只忠实的手会把它们筛开，保留值得保留的，用带着善意的气息将其余的吹走。

上面这段话原本并不是专门针对亲子关系而说的，但意思是差不多的。孩子只有在值得信赖的人面前才会吐露真正的感受和想法。

如果没有真实的父母，孩子保持信心、希望和爱的基本能力就很难得到发挥，对他人的信任就会减弱，对未来的希望会破灭，爱也变得难以寻觅。

自测：你有多真实？

自测是为了带动你思考起来。不要担心，不要试图得到一个"正确"的答案，只要给出与你目前的想法相符的答案即可。将你的答案填入下表中。

选项		题目
是	否	相比"我是谁"，"我的孩子认为我是谁"更重要。
是	否	"我怎么说孩子就怎么做，而不是我怎么做他就怎么做"这是所有父母奉行的准则。
是	否	因为我是孩子的父亲母亲，就自然而然值得孩子信赖。
是	否	尊重青少年意味着给予他毋庸置疑的自由。
是	否	孩子没有可靠的证据来说服我，我就无法信任他。

评分：如果你对某题的回答是"是"，"学习做真实的父母"将会使你受益。即使你对每道题的回答都是"否"，你也永远可以找到新的方法，让自己变得更加真实。

如何成为真实的父母

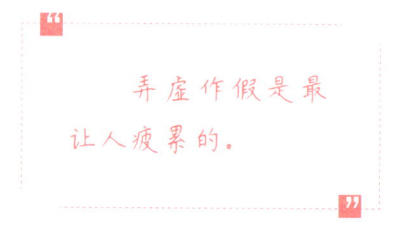

> 弄虚作假是最让人疲累的。

许多产品的设计都能达到以假乱真的效果。你可以买到看起来像真木材的塑料地板，或者看起来像瓷砖的乙烯基地板。你可以买到假皮草、假珠宝和假发饰。所有这些商品背后的目的都是为了展示一种看起来尽可能真实的形象——但并不真实。

最近有一种名为"泥浆喷雾"的产品，可以喷在 SUV 车的表面。喷上它，你就可以骗过别人，让他们以为你开着这个油老虎刚刚从野外冒险回来。你可能认为我们是在说笑，但这个产品真的可以买到，是在伦敦开发的，售价大约 15 美元一瓶。这是我们所见过的最贴切的例子之一，足以说明有些人是多么喜欢虚假的东西。

许多父母也是如此。有时我们会在孩子面前呈现出不真实的形象。我们可能会许下诺言却从不兑现。我们可能会宣扬某些原则，希望孩子们遵循，但我们自己其实并不遵循。几乎所有父母都曾为自己的真实形象而纠结过。以下是几种表现形式。

- 当我们自己陷入愤怒情绪时,就对孩子不当的行为进行惩罚。
- 向孩子保证,不会在朋友面前谈论让他尴尬的事(例如牙齿保持器),但实际上并没有做到。
- 假装某件事很容易,但实际上却相当困难。
- 跟孩子说善良很重要。可我们又会悄悄在背后说诋毁别人的坏话。
- 答应替孩子保密,但随后告诉了孩子的老师。

真实性归根结底就是你值得孩子信任。如果这是你的目标,你就不能宣扬一些假大空的陈词滥调,因为孩子已经知道那是不真实的。获得孩子信任的唯一方法是通过大量言行来证明你是值得信赖的。试想一位正在和小男孩玩的父亲,会把小男孩抛到空中,然后接住他。小男孩玩得很开心,不停地说:"再来一次!再来一次!"他并不害怕掉在地上,而是信任他的父亲一定会接住他。他怎么能这么快乐且无忧无虑呢?因为父子俩已经玩过无数次这个游戏了,他的父亲从来没有让他摔过。他自信而放松,相信他的爸爸会接住他。

我们的一个搞科研的朋友经常说:"为人父母需要不断地证明自己。"他的意思是,需要通过实践经验来向孩子证明父母是值得信任的——就像父亲反复把孩子扔到空中然后接住孩子一样。培养这种信任的最好方法是"言行一致"和"信任孩子"。接下来,让我们分别看看这两种方法。

言行一致

披头士乐队的成员约翰·列侬（John Lennon）抛弃了他5岁的孩子朱利安。任何一个经历过父亲如此严重背叛的孩子，无论父亲的成就如何，都不会再对他有任何尊重。而且这样的孩子总会变得很痛苦。朱利安也不例外。即使是在他的父亲去世之后，当他被问及父亲时，朱利安回答依旧是："他是个伪君子。他向世界大谈和平与爱，却从来没有向他最重要的妻子和儿子展示过和平与爱。一个人怎么能一边谈论和平与爱，一边把家庭搞得支离破碎呢？——毫无沟通、出轨，然后离婚？他甚至都做不到对自己诚实。"

谁能反驳呢？如果孩子看到父母言行不一致，他就会认为父母是虚伪的。老实说，我们谁都可能偶尔做一次伪君子。我们可以说得很好听——尤其是对我们的孩子。但如果我们不能通过行动来支持自己的言论，孩子最终会看穿我们的谎言。

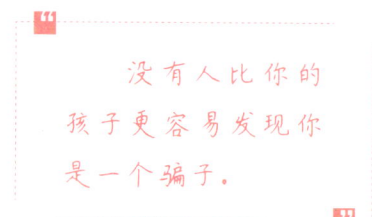

> 没有人比你的孩子更容易发现你是一个骗子。

景观设计师罗伯特·韦甘德是一位言出必行的父母。他刚刚为波塔基特市的斯莱特纪念公园完成一项价值几万美元的景观设计方案。市长打来电话说："合同金额可以提高五千，三千美元给我，两千美元给你。"

韦甘德对市长公然操纵竞标感到震惊,不知道该怎么办。

如果他得罪了市长,他可能就再也接不到类似的工作了。再者,即便他将这件事公之于众,他也不敢确定人们是否会相信他。此外,他的公司也迫切需要签下这份合同。

但就在他左思右想,认为自己别无选择的时候,他的脑海里浮现出了他的孩子们:珍妮弗、艾莉森和鲍比。如果孩子们发现他们的父亲是通过受贿才接到政府的工作,他们会怎么看待他呢?

最后,韦甘德是这样做的:他打电话给州警察,州警察打电话给联邦调查局。几周后,韦甘德在联邦调查局的安排下,带着隐藏的录音机,拿着一个装满赃款的信封来到市政厅。当市长问到这笔钱时,守株待兔的联邦调查局的特工进来逮捕了市长。

这件事曝光后,韦甘德接到了许多威胁电话。但在珍妮弗、艾莉森和鲍比眼中,他们的父亲是英雄——在威逼利诱下依然坚持他的信念。

当然,为人父母者通常不必通过如此戏剧性的"言行一致"来赢得子女的信任和尊重。但作为父母,每当我们在日常生活中信守诺言、履行承诺、遵守规则、言行一致时,我们就会赢得孩子更多的信任。

信任孩子

有许多文章都在教育子女要尊重父母。但要想找到父母如何尊重子女的文章,还得多花点心思。

拉尔夫·沃尔多·爱默生（Ralph Waldo Emerson）说过，"信任别人，他们就会对你真实""善待他人，他人就会对你展现友善"。这些话同样适用于养育孩子。作为父母，让孩子知道你真心实意地信任和尊重他，最能产生亲子间的信任感，让你们的关系植根于爱，让孩子信赖你。

以下是一些最常见的尊重孩子的方式。

- 当孩子与你交谈时，与孩子进行眼神交流。
- 在房门紧闭的情况下，进入孩子的房间要先敲门。
- 重视孩子的娱乐需求和与朋友相处的时间。
- 给孩子空间，允许他们有不同于你（或其他家庭成员）的意见和喜好。
- 不要私自打开孩子的邮件或偷听孩子的电话。
- 如果孩子正在为某件事苦恼，并且没有受伤、伤害他人或毁坏财物的危险，那么在你想介入的时候，先问问他们是否需要你的帮助。
- 当有人向你的孩子提问时，让孩子自己回答。当孩子在场时，尽量控制替孩子说话的冲动。

我们可以在很多方面表示尊重。我（莱斯莉）总想冲进去介入两个儿子之间的争执。而莱斯采取不同的做法。他让孩子们自己解决，自己则在一旁静静地观察着，看他们在没有大人干预的情况下会怎么做。让他们自己解决冲突是我们尊重他们的一种方式。在我们家，最甜蜜的时刻莫过于两个孩子不用父母督促就互相主动道歉。他们小的时候，可能不知道这种情况意味着什么，但我们知道。让他们自己解决争端是父母尊重他们的表示。

当然，随着孩子们年龄的增长，"尊重子女"会变得更加棘手。为什么呢？因为大多数青少年都会犯一个错误，那就是把尊重当成一种许可。"如果你尊重我，你就会让我……"但事实并非如此！尊重和许可是两码事。父母可以尊重孩子，但不能允许他们为所欲为。事实上，如果你能正确地做到这一点，你在他们心目中就会变得更加值得信赖。解决这一问题的关键是，在下结论或做决定之前，先充分听取孩子的意见，多花点时间。

此外，你还需要仔细检查你定的规矩。随着孩子逐渐成熟，先前定下的规矩也需要修订。你肯定希望你定的规则合乎逻辑、公平合理以及真实。然而，父母定的规矩常常是为了行自己之便。有时，父母会通过定一些规矩来缓解自己的恐惧或满足自己的控制欲。你要避免去跟孩子讲道理，而是告诉他们为何要定这些规矩。

最后，当孩子让你失望时，你要清楚地意识到，孩子的行为和他的性格是两码事。指出孩子的错误行为是一回事，攻击孩子的性格是另一回事。要注意，不要在指出孩子错误行为的过程中攻击孩子的性格。

> 我的孩子们让我明白：我不必成为圣人；我只需要真实。

当你坚持不懈地这么做时，你就是在向孩子们表达信任和尊重——即使你并不会总是答应他们的要求。这种带着信任的指导是一个很好的示范，也告诉孩子如何尊重你——尽管你们的意见并不一致。

总而言之，真实的父母值得信赖，因为他们就是自己真实的样子。他们没有刻意树立形象，也没有装模作样。他们也不会刻意模仿那些优秀的父母。真实的父母对自己的身份泰然自若，从而得到孩子信任。

讨论

1. 在 1 到 10 的评分表上,对于"做一个真实的父母的重要性",你打多少分?为什么?

1　2　3　4　5　6　7　8　9　10

2. 在 1 到 10 的评分表上,关于"自然地流露真实",你为自己打多少分?

1　2　3　4　5　6　7　8　9　10

3. 你什么时候最有可能在孩子面前表现出真实的自己?说说当时的具体情景。你的孩子同意你的说法吗?

4. 你在孩子面前展现真实自我的下一次机会是什么时候?你准备做些什么来实现它?

第 11 章
创造地球上最安全的地方：
你是会安慰人的父母吗？

爱是送给人的礼物。

约翰·特伦特（John Trent）是一位心理学家，也是我们的好朋友。在他撰写的著作中，我们谈论最多的是一本名为《我愿选择你》（*I'd Choose You*）的儿童读物。其中有一个名叫诺伯特的小象的故事。这天早上小象诺伯特过得非常糟糕，但是父母告诉它：世界上有许多孩子，有滑冰冠军的火烈鸟、从高处跳水的犀牛、会变成蝴蝶的毛毛虫，可不管怎样，他们选择了小象诺伯特。这让小象诺伯特一天的心境彻底改变了。

约翰的朋友丹尼的经历表现出了同样的意义。丹尼6岁时发了高烧，丹尼的父母立即打电话给一位儿科医生朋友，他提供了一些建议并开了处方。但丹尼的体温上升得太快太猛了，只能紧急送往医院。医生最终将丹尼的体温降了下来，挽救了他的生命，但高烧让他双耳失聪。显然，现在丹尼的父母需要通过别的方式来表达对丹尼的爱和承诺。于是一家三口一起学了手语。他们让语言治疗师教他们的第一句话是什么？是"我愿选择你"。

> 减轻别人的心痛，也会忘却自己的心痛。

我们自己的孩子也经历过许多次手术，所以当约翰告诉我们他们的故事时，我们非常敬佩这对夫妇。事实上我们听得满眼泪水。父母让孩子知道，无论他是否有缺陷，他都被爸爸妈妈深爱着，是爸爸妈妈选中的孩子。这为孩子创造了世界上最安全的地方，其安慰将永远陪伴着孩子。

安慰

鸡汤面、肉饼、炸鸡、通心粉、奶酪、土豆泥、肉汤、布丁、布朗尼蛋糕、甜甜圈、苹果派，这些通常被称为"安慰食品"。这是有道理的。我们中的大多数人都能从我们小时候爱吃的美味佳肴中得到极大的安慰，这些佳肴不需要由美食杂志来推荐。

但真正的安慰所涉及的远远不止味觉，而是指治愈情感伤害、扭转糟心经历的安慰。字典将"安慰"定义为一种轻松愉快、幸福满足的感觉。回顾这个词的拉丁语词源 comfortis，意思是"使人（像堡垒那样）坚强"。

而这正是父母为孩子所做的。安慰能让孩子的内心更强大。每当我们用振奋人心的话语鼓励孩子，用温柔的抚摸安慰孩子，用陪伴缓解悲伤，用由衷的赞美支持，我们都在让孩子变得坚强。

成为会安慰人的父母的重要性

当孩子生活在父母的安慰中时,他的信心和勇气就会增强。父母的安慰给了孩子冒险和成长的力量,为孩子提供了勇于跨出舒适区所需的安全感。

几个月前,我们家在大不列颠哥伦比亚省温哥华的一家酒店的游泳池玩得很开心。我(莱斯)正在深水区游泳,这时杰克逊摇摇晃晃地走下台阶,来到游泳池的浅水区。他还不会游泳,他的双臂上戴着蓝色的大浮板。有了浮板他是不会沉下去的。

杰克逊刚走下台阶,进到水里,就跟我说:"爸爸,我害怕。我想到你那边。"

"杰克逊,这边的水就更深了。"我告诉他。

"我不管。我想和你在一起。"

> 安慰是人类最古老的治疗方法。

"好吧,来吧。"我边说边踩着水,头刚刚露出水面。

杰克逊开始狗刨式地划过水池,水花飞溅,水越来越深……当他游到我面前时,他搂住我的脖子,惊慌的神情也马上变得轻松起来。在父亲身边,他感到安全,这时水的深度他倒无所谓了。

> 一个人的一生中能感受到自己有一处港湾，他对满足感的追求就完成了一半。

这正是父母提供的安慰：安全感。如果没有情感上的安全，孩子就会像石头一样下沉溺水。情感安全是展开丰富生活的基础。它是自尊与独立的关键因素，也是学业、友谊、家庭联结和坚定价值观的基石。简言之，安全感会让孩子变得强大。

在普通的家庭中，孩子的情感安全并不是理所当然就建立的。过去四十多年来，世界各地的发展心理学实验室的研究表明，20%~30% 的儿童存在不安全的亲子依恋。这些孩子都出生于双亲完整的小康家庭。些许的不安全感或许是成长过程中不可避免的。

然而，即使是慈爱的父母也不会理所当然地拥有"安慰"这一特质。情感安全带来的舒适感值得所有父母关注。

自测：你有多会安慰孩子？

自测是为了带动你思考起来。不要担心，不要试图得到一个"正确"的答案，只要给出与你目前的想法相符的答案即可。将你的答案填入下表中。

选项		题目
是	否	孩子想要亲近你，意味着她对你有强烈的依赖。
是	否	安慰不高兴的孩子的最好办法之一，就是帮他解决问题。
是	否	如果过分安慰孩子，就有可能养出一个不坚强的孩子。
是	否	身体接触是一种不那么可靠的表达安慰的方式。
是	否	如果父母不说，孩子就很少能体会到父母的焦虑。

评分：如果你对某道题的回答是"是"，"学会安慰孩子"将会使你受益。即使你对每道题的回答都是"否"，你也永远可以找到新的方法，变得更会安慰孩子。

如何成为会安慰人的父母

大约一个月前,我们的朋友史蒂夫给他两岁的女儿莎拉买了一个水族箱。他们一起挑选了四条鱼放进鱼缸。两周后,莎拉发现其中一条鱼死了,它卡在了一株塑料水草中。莎拉向爸爸说,鱼是死在"灌木丛"里的。

史蒂夫告诉我们:"我意识到,这是她人生中经历的第一次丧失。当她对我说'爸爸,别让我被灌木丛夹住'时,我泪流满面。"

无论哪个年龄段的孩子都会向父母寻求安慰。孩子们希望依赖父母,让他们远离"灌木丛"。虽然我们不能总是保护孩子不受伤害,但我们可以给孩子足够的安全感。我们可以探索一些有效的方法,为孩子们创造一个世界上最安全的地方。

给孩子温暖的拥抱

一场伤亡惨重的地震让人们笼罩在悲痛当中。有一个半岁大的女婴被救援人员发现时还活着,她被死去的母亲紧紧抱在怀里,周围都是倒塌的残垣断壁。母亲用自己的身体挡住了地震的冲击,保全了她的性命,直到37小时后,救援人员发现了她。

这是一种出于本能的保护。在惊恐之中，有哪位母亲不会像这位母亲那样做呢？大多数父母

> 当我们决定随时陪伴孩子，将来我们会发现，孩子也随时愿意陪伴我们。

都认为这种本能是理所当然的。慈爱的父母会不假思索地拥抱孩子，我们的拥抱能给他们带来莫大的安全感。保罗·布兰德（Paul Brand）医生说："皮肤细胞有一条通路可以直达人类情感的储存之所——心脏。"人类学家海伦·费舍尔（Helen Fisher）在她的《爱的解剖》（Anatomy of Love）一书中这样描述触摸的重要性："人类的皮肤就像一片草地，每一片草叶都是一个非常敏感的神经末梢，最轻微的擦伤都会留下痕迹。"

地震中的女婴将永远记得母亲的拥抱。你的孩子也一样，他们会分享温暖怀抱带来的慰藉，并永远铭记于心。

有意识地让孩子参与

我（莱斯）的父亲是一名大学校长，由于工作繁忙，我经常跟着他参加一些成年人的活动或聚餐。听起来好像我是一个"拖油瓶"，有时也确实如此。但父亲总是不遗余力地带上我。如果他和别人一起吃饭，会确保我和餐桌上的其他成年人建立有意义的沟通，他们会吸引我参与聊天，并谈论他们认为我会感兴趣的话题。他们甚至会征求

我的意见。当然，他们本可以继续大人们的话题，就好像我不在场，但他们没有那么做。他们让我加入进去，这让我得到了很大安慰。

当父母让孩子参与做饭、洗车或其他成人的工作时，孩子会享受到被爱的愉悦与舒适。

《纽约时报》（New York Times）的一位记者曾经采访过玛丽莲·梦露（Marilyn Monroe）。她知道梦露早年曾辗转于不同的寄养家庭。她问梦露："在你生活过的寄养家庭中，你感受到过爱吗？"

"有一次感受到过，"玛丽莲·梦露回答道，"那时我大约七八岁，和我同住的女人正在化妆，我在一旁看着她。她心情很愉快，就伸手用胭脂拍了拍我的脸颊，那一刻，我觉得自己被她爱着。"

让孩子融入平淡的生活并不费力。而你这样做的时候，你一定会让孩子心情舒畅，对生活充满信心。

不在孩子面前表现出焦虑

一天晚上，一个小女孩放学后很晚还没回来吃饭，她的父亲忧心忡忡地在门口等着。见到孩子时，父亲问她为何回来这么晚。小女孩解释说，她在路上遇到了一个小伙伴，小伙伴最喜欢的玩偶不小心被车轧坏了。

"所以你停下来帮她收拾残局？"她父亲问。

"哦，不。"她回答道，"我停下来陪着她哭。"

就像这个孩子一样，父母也应该在孩子哭泣时陪在孩

第 11 章 创造地球上最安全的地方：你是会安慰人的父母吗？

子身边，不让孩子感到焦虑。但是，对于一些父母来说，不在孩子面前表现出焦虑，可能是一个

> 与孩子之间丰富的情感联结，是我们能留给孩子的最好财产。

很高的要求。毕竟，我们都有很多感到焦虑的事情，总觉得自己需要用正确的方式说正确的话、做正确的事。这种焦虑通常会弄巧成拙。它使我们给予的最终并不是孩子要的。我们可能会绞尽脑汁、费尽口舌去缓解孩子的伤痛或失望，但其实孩子只需要知道我们愿意陪在身边，他可以向我们尽情倾诉，就够了。

不焦虑是一种内心平静的状态。这种状态让你联结孩子的心，平静地面对孩子汹涌澎湃的情绪。当然，平静并不意味着压抑自己的情绪，而是保持客观。不焦虑的心态在冲突中尤为重要。这是为人父母最重要的能力之一。它不仅能让你在困难中更加灵活，还可以减轻整个家庭的焦虑——因为平静的状态能带来安慰。有时，这种特质对解决棘手问题有很大作用，甚至比提出良好解决方案的作用更大。

看到别人看不到的东西

在本章的开头，我们向大家介绍了儿童读物《我愿选择你》（*I'd Choose You*）。这几个字能给孩子的心灵带来

深刻的慰藉。因为它传达了这样一个想法:"即使我不可爱,爸爸妈妈也爱我"。例如,当一个孩子突然说"我恨你"时,会安慰孩子的父母会听到的是不一样的意思。他们听到的是"我害怕"或"我的感情受到伤害了"。因此,他们会继续"选择"这个孩子,他们听到了别人没有听到的孩子的心声。

道格蒂是一位践行"我选择你"的父母。不久前,她来到一家孤儿院,在那里,她见到了两岁的克里斯汀。克里斯汀美丽的蓝眼睛旁边长了一个肿瘤,但即便如此,也无法掩盖克里斯汀顽皮的笑容。

"克里斯汀的眼睛非常有神,我一直注视着她。"道格蒂说,"肿瘤无法掩盖。我本可以带一个别的孩子回家。但我想如果我收养了克里斯汀,她将会有一个新的生活。"

南希曾经协助过130多位孤儿的收养工作,她说:"这些残疾孩子是被遗弃的。母亲会把他们送到孤儿院或遗弃在公共场所,然后一走了之,再也不回头。"

最终,道格蒂选择了克里斯汀。去年,一名外科医生切除了克里斯汀的肿瘤。薄薄的疤痕正在愈合,克里斯汀生活中的一切都在发生巨大的变化。她一遍又一遍地对养母说着:"我爱你。"

不管孩子的表现有多不可爱,你仍然爱着孩子,就是在对孩子说:"我选择你。"你的抚慰在为孩子的心灵筑起一座爱的堡垒,那是地球上最安全的地方。

讨论

1. 在 1 到 10 的量表上,关于"做一个会安慰的父母的重要性",你会如何打分?为什么?
1　2　3　4　5　6　7　8　9　10

2. 在 1 到 10 的评分表上,关于"自然地创造世界上最安全的地方",你为自己打多少分?
1　2　3　4　5　6　7　8　9　10

3. 具体来说,你在什么时候,最有可能表现出让孩子感到安全的行为?

4. 下一次你让孩子感受到安全的契机是什么时候?你现在可以做些什么来实现这个机会?

第 12 章
灌输智慧：你是有洞察力的父母吗？

片刻的觉察来自一生的经验积累。

8 岁的本杰明走进身患癌症的母亲的卧室。当母亲把圣诞礼物送给他时，他兴奋不已，礼物是一件魔术师的斗篷，上面嵌着母子俩的照片。本杰明坐在他母亲面前问："你要死了吗？"

他的母亲停顿了一会儿，然后问道："你觉得呢？"

他悲伤地回答："我想是的，我以后就再也见不到你了。"

母亲告诉他："你看不到我的身体了，但是，你知道毛毛虫是怎么变化的吗？"

本杰明点点头。"变成了蝴蝶。"

母亲继续说："是的，你只需要想象我飞去了某个地方。魔术师知道一个秘密，那就是你看不到的东西并不意味着它不存在。"接着母亲变了个小魔术，从本杰明的耳边变出一枚硬币，两人都笑了。本杰明问母亲她死后会飞去哪里。母亲握住他的手吻了一下，贴在本杰明胸前，说："飞到这里。魔术师知道。"

"那我还能和你说话吗？"

"可以，任何时候都可以。你的耳朵听不到我的声音，不过你心里知道我在说什么。"

"这不够。"

"不够，是不够。我们总想拥有一切，是不是？但我们拥有一样世界上最了不起的东西。你知道那是什么吗？就是我们的梦。"

本杰明微笑了。

"我们可以在梦里见面，"母亲继续说，"我们可以在梦里聊天，在夏天，在冬天，在雨水和阳光下散步。我可以来接你，我们可以一起飞走。"

> 知识是学来的；但智慧是观察来的。

本杰明热泪盈眶地说："谁都不会比我更爱你。"他给了母亲一个大大的拥抱，母亲说："是的，没有谁了。"

这是苏珊·萨兰登（Susan Sarandon）主演的电影《继母》（*Stepmom*）中的一个凄美的场景。它完美地描绘了一位聪明而有洞察力的母亲是怎么做的。她精明、敏感、有直觉——这些特质在为人父母过程中并不常见，但智慧也并不是白胡子老爷爷的专属。将白发长者描绘为智者，只是一种艺术上的表现。希腊戏剧家米南德（Menander）说："白发不会带来智慧。"古罗马剧作家泰特斯·马契乌斯·普劳图斯（Titus Maccius Plautus）说："智慧不是靠年龄获得的，而是靠才能。"智慧是习得的。智慧靠修炼。这也是有洞察力的父母所做的。

洞察力

很多人都有一个误区——智者满腹经纶。然而，知识并不是智慧。智慧是对知识的正确运用。要看一个人如何运用他的知识，才知道他是否有洞察力或智慧。

字典里说，有洞察力的人有"透彻的理解力"。他们对他人和环境有清晰深刻的认识。他们掌握了事物隐藏的本质。因此，有洞察力的父母是能觉察的、考虑周全的、敏感的、有直觉的。有洞察力的父母灌输智慧。

第 12 章　灌输智慧：你是有洞察力的父母吗？

成为有洞察力的父母的重要性

在我们家的书房里，有几十本育儿书。有些是别人赠送给我们的，有些是的，更多的则是我们多年前读研究生时，教授要求我们买的。可以说，二十多年来，我们从多个不同的角度研究了为人父母的问题。但是，所有这些研究都不足以确保我们成为有洞察力的父母，也不能保证我们能学以致用，做出明智的决定。

好父母徒有智商是不够的。为人父母一事，触及了更深层面的人格，而这一点常常被忽略。之所以如此，大概是由于洞察力并不总是那么容易描述，是抽象的。而智商显而易见。肯定、安慰等特质更容易让人产生画面感，而洞察力则比较模糊。那么，我们的孩子拥有一对富有洞察力的父母，真的重要吗？当然！

在离我家不远的地方，有一个著名的亲子互动研究中心。该中心由华盛顿大学的约翰·戈特曼博士（Dr.John Gottman）指导，他的团队对 119 个家庭进行了深入研究，观察父母和孩子之间的关系，并对这些孩子进行追踪研究，从 4 岁一直到青春期。

他在研究中对许多父母进行了长时间的访谈，谈论他们的婚姻、他们对孩子情感经历的反应，以及他们如何看待自己在孩子生活中扮演的角色。通过对这些家庭进行长期追踪，可以了解孩子们在健康、学业、情感和社会关系等方面的发展情况。

他的研究结果展示了一个简单而又吸引人的事实。他发现，大多数父母可分为两大类：一类父母会引导孩子了解情感世界，另一类父母则不会。他把关注孩子情感的父母称为"情感教练"。可以说，这些父母在实践"对孩子的洞察"。就像体育教练一样，他们研究孩子，教他们如何面对生活。他们既不反对也不忽视孩子表现出的愤怒、悲伤或恐惧等情绪。相反，他们接受消极情绪是生活中客观存在的，并帮助孩子调节情绪，将这些时刻作为向孩子传授人生经验的重要机会。

如果父母有洞察力，他们的孩子会有什么不同？通过长期观察和细致分析家庭成员的言行和情感反应，戈特曼博士得出了对比结果：与父母不提供情绪教导的孩子相比，父母坚持进行情绪教导的孩子更健康，学习成绩更好。这些孩子与朋友相处得更好，行为问题更少，更不容易产生暴力行为。总的来说，父母进行情绪教导，孩子的负面情绪较少，正面情绪较多，身心都更健康。

但是，最令人惊喜的结果是：通过父母的情绪教导，孩子变得更有韧性了。他们能够更好地自我安抚，从困境中走出来，继续做出富有成效的行动。换句话说，他们在处理情绪方面更有智慧。

自测：你的洞察力如何？

自测是为了带动你思考起来。不要担心，不要试图得到一个"正确"的答案，只要给出与你目前的想法相符的答案即可。将你的答案填入下表中。

选项		题目
是	否	对于孩子感到好奇的所有问题，父母都应诚实坦率地作答。
是	否	有洞察力的父母会尽可能地帮助孩子避免困难和错误。
是	否	要帮孩子控制冲动，几乎是不可能的。
是	否	有智慧的父母对孩子任何想知道的事情都有答案。
是	否	永远不应该让孩子看到父母的错误。

评分：如果你对某道题的回答是"是"，你将会从"学习做有洞察力的父母"中受益。即使你对每道题的回答都是"否"，你也永远可以找到新的方法，变得更能洞察孩子。

如何成为有洞察力的父母

"我真正需要知道的关于如何生活、做什么以及如何做人的大部分知识,都是在幼儿园学到的。"罗伯特·福尔格姆(Robert Fulghum)在他广受欢迎的《我真正需要知道的都在幼儿园学到了》(*All I Really Need to Know I Learned in Kindergarten*)一书中这样写道:"智慧不在顶尖学院里,而是在幼儿园的沙坑里。"

孩子在幼儿园的沙坑里学到了什么?是分享、公平竞争、不动粗、把东西放回原处、收拾自己的烂摊子、不要拿不属于你的东西、伤害别人要说对不起、手拉手团结一致。

> 当你握着孩子的手——它传递来多少温柔,召唤出多少力量!孩子的手是智慧和力量的试金石。

事实是,孩子往往比我们想象中更聪明。

而为什么做一个有智慧、有洞察力的父母会如此困难,是因为我们在养育孩子的过程中过于强调知识,而丢下了智慧。下面是一些方法,帮助你变得更有洞察力。

第 12 章 灌输智慧：你是有洞察力的父母吗？

有辨别力

科莉·特恩·鲍姆（Corrie Ten Boom）在《藏身之处》（*The Hiding Place*）一书中讲述了她 12 岁时与父亲一起乘坐火车从荷兰首都阿姆斯特丹前往哈勒姆市的难忘经历。路上，她无意中看到一首诗，诗中有"性的罪恶"一词，于是，她好奇地问坐在父亲旁边："什么是性的罪恶？"

他转过身来看着我，就像他往常回答我的提问时那样，但令我惊讶的是，他什么也没说。最后他站了起来，从我们头顶的架子上提起旅行箱，放在地板上。

"你能把它搬下火车吗，科莉？"他问。

我站起来拽了拽箱子，里面塞满了他那天早上买的手表和配件。

"太重了。"我说。

"是的。"他说，"让自己的小女儿挑起重担的父亲一定很可怜。科莉，有些知识对孩子来说也太沉重了。等你长大了，强壮了，你就能知道了。现在，你要相信爸爸会帮你撑起天来。"

小科莉很满足。她写道："我简直是心满意足。这个回答让我所有的疑问都有了答案。现在，我愿意把疑问交给父亲保管。"

所有有洞察力的父母都会认同科莉的父亲。毕竟，智慧就在于知道什么是不应该分享的。智慧的父母有判断力和鉴别力，可以保护孩子远离过于沉重的知识。当然，好莱坞已经通过分级制度来帮助父母辨别合适孩子的电影，但明智的父母知道，在孩子的成长生活过程中需要更多的辨别力。

例如，孩子可能需要受到保护，以避免听到某段对话（如父母之间的争吵）。你会明白，有洞察力的父母是有愿景的。

保持耐心

我们在本书中用了整整一章的篇幅来介绍如何成为有耐心的父母。但是，当我们谈论智慧和洞察力时，我们需要重新审视"耐心"这一品质。正如奥古斯丁（Augustine）所说，"耐心是智慧的伴侣"。

> 洞察力是一种可锻炼的能力，通过倾听你内在的声音而练就。

我们一起来听听我朋友兼同事亨利·克劳德的童年故事，感受一下我们所说的那种耐心：

亨利·克劳德说："我四岁的时候患上了腿疾，从此卧床不起，后来坐上了轮椅，再后来又戴了两年的支架，拄了两年的拐杖。一夜之间，我从一个活泼好动的孩子变成了一个有严重残疾的孩子。医生告诉我的父母，他们必须让我自己做事情，而不是事事都包办代替，从而影响我的性格。我记得有一次在教堂里，父母让我自己拄着拐杖上一段很长的楼梯。我挣扎着，花了很长时间，但他们一直在鼓励我。我跟跟跄跄地走着，不断调整方向，一步一步缓慢向前。我相信别人看见我这个样子都会觉得很痛苦。

突然，我听到一个女人在我们身后对她的丈夫说："真不敢相信什么样的父母会这么对待孩子？"

我不记得我父母说了什么。但多年后，我理解了母亲当时的心情。她是最关心我的人之一，要知道，她也是最会照顾人的人之一，是那种下雨天都不忍心让狗出门淋雨的人。很难想象她让一个瘸腿的孩子在她本可以帮上忙的事情上却坚持不帮忙时挣扎的心情。

每个关心孩子的父母都会本能地去帮助一个正在挣扎的孩子，但亨利的父母很有洞察力，他们克制住了自己的冲动，保持耐心，让儿子去做从长远来看对他最有利的事情。

> 没有爱就没有智慧。

想一想，耐心是如何影响你成为有洞察力的父母的？你是否太急于解决孩子的问题，介入兄弟姐妹之间的争吵？或者对处在孤独的社交环境中的孩子伸出援手？有时，对孩子生活最明智的干预就是耐心地给他们时间，让他们靠自己的能力找到解决办法。爱是耐心。没有足够的耐心，就没有智慧和洞察力。

> 错误是智慧的教训。过去不能改变，未来还在你手中。

对消费主义保持愚钝

当你想要做一个有洞察力的父母时,你脑海中首先闪现的可能并不是管理消费,但这一点仍然值得认真关注。

在金钱方面,孩子们比过去更宽裕了,他们通过家里的电视、电脑、广告等认识消费。因此,18个月大的孩子就可以认识商品上"牌子",他们的欲望会影响成年人的消费。

研究表明,2~5岁的儿童无法区分常规的电视节目和商业广告。他们容易受到广告的误导,直到8岁才开始明白广告里的故事并不是真实的。

精神病学家朱丽叶·肖尔(Juliet Schor)撰写了《天生买家:商业化儿童与新消费者文化》(*The Commercialized Child and the New Consumer Culture*),她发现孩子们与消费文化接触会导致他们与父母冲突增多,还会导致孩子焦虑、抑郁和身体疾病。

肖尔解释说,商业化的儿童"更有可能缺乏自尊,这并不奇怪,因为消费文化传递给他们的信息是,如果你没有某种网球鞋,没有喝某种饮料,你就是无名小卒。"

有洞察力的父母知道保护孩子免受侵入性营销的影响是很重要的。玛丽·皮弗(Mary Pipher)在她关于现代家庭生活的著作《彼此的庇护》(*The Shelter of Each Other*)中,分享了她的担忧,即我们的消费文化可能会滋生当代孩子的"自恋、权利和不满足"。孩子们的身份认同不应该由他们的消费习惯来定义。然而，如果父母不对来自麦迪逊大道①的信息加以限制，那孩子们就会用媒体宣扬的主流价值观来定义自己——他们将成为自我形象扭曲与价值观扭曲的消费者。

保持谦逊

约翰7岁的一天，我（莱斯莉）发现他正试图用杯子给他两岁的弟弟杰克逊喝牛奶。杰克逊的衣服湿透了，我责备约翰："你为什么这么做，约翰？"约翰刚要回答，但被我的呵斥打断了："杰克逊不能喝这种牛奶，看看你弄得一团糟！"

十分钟后，我给杰克逊换完衣服，才醒悟过来，约翰可能是想和弟弟分享他的牛奶。但因为我一时冲动，他的慷慨分享却只换来了批评。

我需要道歉。"对不起，约翰，"我说，"我不应该在你这么友好地跟弟弟分享时责骂你。"约翰如释重负的表情告诉我，我做对了。

无论我们多么爱自己的孩子都会犯错，有时误判情况，有时错发脾气。但是，有洞察力的父母会勇于承认错误，该道歉就道歉。我们可能会担心，如果我们承认错了，做父母的权威就会削弱。当我们搞砸时，我们常常觉得，忽略自己的问题比承认自己的错误更容易。

---

① 美国广告公司云集的一条大街，因此成了美国广告业的代名词。

事实上，真诚的道歉可以展示出我们的诚实和尊重，也会鼓励我们的孩子也这样做。约翰·戈特曼博士说："成年人道歉是非常重要的，因为这可以让孩子知道，犯了错说对不起是没关系的。"当你承认"我不应该那样做"时，孩子就会有一种踏实的感觉，因为她被生命中最重要的人认真对待了。

有洞察力的父母知道，道歉反而能增强父母的权威。道歉虽然不会自动消除伤害，但有助于重建亲子关系。道歉能立刻降低别人的心理防御，传达出"我想倾听"的信号。

讨论

1. 在 1 到 10 的评分表上,关于"做一个有洞察力的父母的重要性",你打多少分?为什么?
1　2　3　4　5　6　7　8　9　10

2. 在 1 到 10 的评分表上,关于"自然地向孩子传授智慧",你给自己打多少分?
1　2　3　4　5　6　7　8　9　10

3. 具体来说,你什么时候最有可能对孩子表现出本章提到的洞察力特质?请说出时间或条件。

4. 你有什么契机能向孩子展示你的洞察力?你现在可以做些什么准备,以便最大限度地利用好这些契机?

第三部分

我们想成为的父母

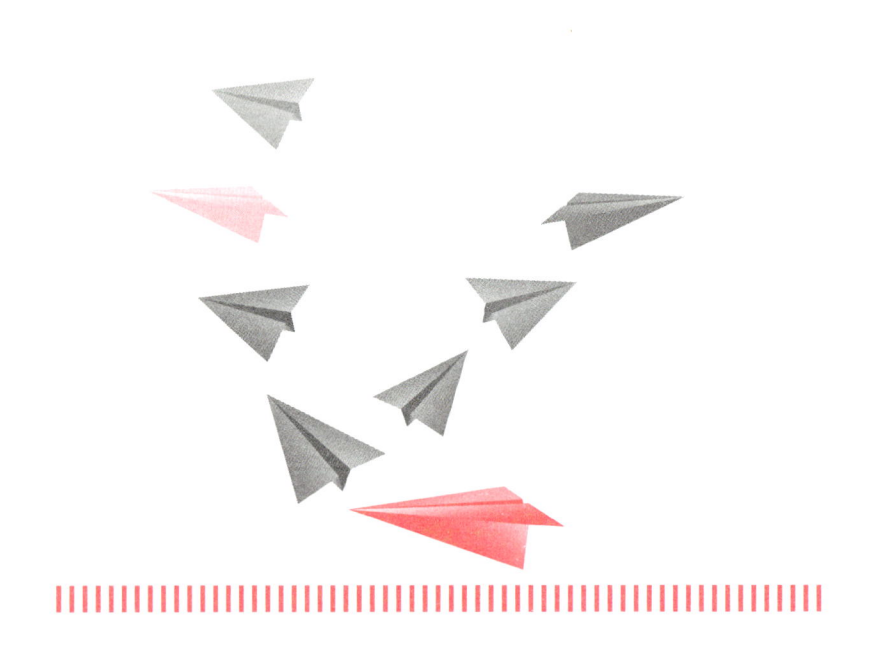

第 13 章
避免成为你不想成为的父母

如果育儿很容易的话，
它就不叫"育儿工作"了。

在一个炎热的日子里，亚拉巴马州的两名牧师来到蒙哥马利附近的一个村子里传教。他们把车停在一座农舍前，沿着小路前行，路边是尖叫的孩子和狂吠的狗。当他们敲开农舍的纱门时，女主人停下正在洗衣板上擦洗的双手，整理下头发，擦擦额头上的汗水，问他们想要什么。

一名传教士说："我们想告诉你如何获得永恒的灵魂。"

这位疲惫的家庭主妇犹豫片刻，回答说："谢谢你，但我不信这些。"

养育子女是一项艰巨的工作，在那些特别艰难的时刻，我们有时会怀疑自己如何才能做到这一点，更不用说成为我们想成为的父母了。

在这些时候，我们需要特别小心，避免成为我们不想成为的父母。你想过这一点吗？我们每个人——无论我们在人生高峰时自我感觉是多么成功的父母——都会有身心俱疲或忧虑重重的时候。这可能会让我们做出或说出让自己很快就后悔的事情。在这些时刻，我们不仅没有达到自己的最佳状态，反而险些成为最糟糕的自己。

我们都有"污点"

在广为流传的《相约星期二》（*Tuesdays with Morrie*）一书中，作者米奇·阿尔博姆（Mitch Albom）写道："父母都会伤害他们的孩子，这是没办法的事。青春就像未经擦拭的玻璃，会留下工匠的指纹。有的父母会弄脏，有的父母会弄裂，极少数父母会把童年完全打碎，变成尖尖的小碎片，无法修复如初。"

如果你是最后一类父母就不会读这本书，但即便你和那些有着美好愿望的父母一样，也可能已经或将要污损象征孩子童年的玻璃。当然，生活就是这样。没有人能在孩子的成长过程中做到完美无缺，我们都有"污点"。作为父母，我们的目标是尽量把损害降到最低，充分意识到我们在什么时候没有认真对待孩子。

你知道有哪些因素会警告你，作为父母，你即将要做出一些你立马会后悔的事情吗？当我（莱斯）有工作压力、饥肠辘辘并对我的儿子的行为感到沮丧时，我就有风险做出我将来会后悔的举动。这些因素凑在一起的时候对我来说最为糟糕。那正是我变成了我不想成为的父母的时候。

谁劫持了我的大脑？

在欧洲那个迷信无知的黑暗时代，人们生活在对狼人的恐惧之中——狼人具有变形为狼的神秘能力，月圆之夜游荡在乡间害人。

从那时起，欧美人就对这种传说中的生物着了迷。1913年，好莱坞拍摄了第一部关于狼人的电影。随后，数十部狼人电影相继问世。许多电视节目和小说也都以狼人为主题。评论家认为，我们之所以对这种虚构的狼人着迷，是因为人的性格都具有两面性，我们大多数人都认同这种自我的分裂。

当然，比狼人故事更具戏剧性的是史蒂文森（Robert

> 做了母亲后，我经历了一次真正的、彻底的性格转变，后来我又渐渐地变回了"正常的我"，但转变期的性格并没有完全消失。

Louis Stevenson）所著的《杰基尔医生与海德先生奇案》(*The Strange Case of Dr. Jekyll and Mr.Hyde*）。该书于1886年出版。不久后就广为流传，被各种演讲和书籍所引用。其舞台剧和电影改编作品也很多。如今这本书已扎根于大众文化之中。"杰基尔与海德"已经成为双重人格的代名词。

> 即使你刚洗完澡，身上也没有甜味，孩子们还是会想粘着你。

你认为，这些传说故事为何经久不衰？我们肯定从这些虚构人物身上看到了自己的影子。我们都曾经历过揭露自己阴暗面的瞬间，我们都曾经变成过自己不想成为的人。认知神经科学研究实际上已经找到了这种现象的神经学基础。在我们大脑深处有一组杏仁状的神经元，叫作杏仁核。它是大脑边缘系统的一部分，与情绪管理和共情等心理过程有关。

当大脑的杏仁核失控时，研究者发明了一个术语来描述这一现象。他们称为"杏仁核劫持"（amygdala hijack），发生在你被情绪控制时。杏仁核位于大脑最原始的部分，它被设定为快速反应区域，会绕过大脑皮层——大脑的理性部分。当我们感到威胁时，杏仁核会立即决定攻击或逃跑以寻求安全，其反应过程仅有几毫秒。我们把这种现象称为"战斗或逃跑反应"。当然，如今我们所经历的威胁大多是象征性的，而不是身体上的。例如，作为父母，当孩子无理取闹、浪费我们的时间时，我们就会感到威胁。我们仍然容易做出同样的生理反应，要么战斗，要么逃离。这时，我们的杏仁核就会失控，让情绪控制我们。这时，我们自己演变成了问题的一部分，而不是解决方案的一部分。事后，经过反思，我们会意识到自己的行为是不恰当的，甚至是完全错误的。

控制住你的情绪

与"杏仁核劫持"相反的情况是保持处理情绪的能力，这种能力即情商。情商将情绪与情境关联起来，从而使我们做出恰当的反应。丹尼尔·戈尔曼（Daniel Goleman）通过其著作普及了这一术语，他说："情商是一种天赋，是一种深刻影响所有其他能力的能力，要么促进其他能力，要么干扰其他能力。"

在为人父母方面，情商表现在能够重塑亲子间有问题的情感状况。幽默和同理心是可以缓和冲突的特质，有助于你保持你想展现的好特质。有了处理情绪的能力，父母

> 如果父亲是洋葱，母亲是大蒜，孩子怎么会有香味呢？

会对孩子说"你这样做,我感到很难过",而不是大喊"你快让我疯了"。

你会想:我想控制自己的情绪,保持我看重的好特质,但我应该怎么做呢?说到底,情商就是练习能够缓解情绪的思维方式和行为模式。具体方法如下。

首先,要探索和了解自己的感受。有一种观点认为"觉察就是治疗"。一旦你觉察到自己的情绪,你就可以开始控制它们了。这听起来很简单,但却是真的。假如你下车时手里拎着一大堆购物袋,而你的孩子下车时磨磨蹭蹭,你的情绪可能会濒临爆发。但如果这时候,你能简单地对自己说:"我感到不耐烦了。"你就在这条路上前进了一步。你会惊奇地发现,这种随时随地的自我觉察会让你远离情绪爆发。

其次,尽可能站在孩子的视角去理解他们。换位思考时,不要局限于去想"他们可能在想什么",而是去感受"他们可能在感受什么"。难点在于设身处地用他们的双眼看世界。透过孩子的眼睛来看待生活不是一件容易的事,但肯定会减缓或阻止一场"杏仁核劫持事件"。最近有一次,我(莱斯)在一条繁忙的街道停车后,试图让两个儿子以最安全的方式下车。"约翰,"我说,"你自己解开安全带,然后从杰克逊这边下车。"他毫无理由地抗议道:"不,我不想。"我们争执不下,最后我说:"你想要什么不重要,快从杰克逊那边下车!"他开始动了,但动作很慢。我快要失控了,但我暂停了一下,试着站在他的角度去看待眼前的情景,我意识到他并不明白我为什么要求他一定要按照我的指示去做。我没有清楚地解释下车安全问题。当我站在他的角度看问题时，我的情绪立刻得到了纾解。

最后，肯定孩子的情绪。这一步需要用心去做，而不是想当然地去做。当孩子因为拼不出拼图而生气、闹别扭时，与其说"没必要这么生气"，不如承认他的情绪反应是自然的，对他说："拼不完拼图真的很让人沮丧。"但如果你告诉孩子他的情绪反应是不对的、是过激的，反而会让他的情绪更加激动。他会抗议说："你根本不懂！"但是，认可孩子的感受，会让孩子知道自己被懂得了。

以上就是防止成为"海德先生"的一些实用方法。

你绝对不想成为的父母

本书的开头，曾向大家讲述过我们夫妇二人度假时的私人育儿讨论，当时我们经过讨论，还列出了一份"我们不想成为的父母"清单。

列出这份清单并不费劲，我们集中思考了一会儿，就总结出了我们不希望自己有的特质，即那些我们绝对不想用来描述我们自己的特质。

挑剔的	不一致的
评判的	嫉妒的
犹豫不决的	完美主义的
心不在焉的	有条件的
冷漠的	愤怒的
溺爱的	贫穷的
压抑的	控制的

这个清单似乎可以一直列下去，都是我们最容易想到的不好的特质。接下来，我们圈出了自己身上最容易出现的前两种不好的特质。也就是说，我们找出了最有可能成为"海德先生"的特质。

对我（莱斯莉）来说，这两种特质是"溺爱"和"压抑"。对莱斯来说，是"心不在焉"和"挑剔"。你呢？你不必使用我们的清单，试着列出你自己的清单。在养育孩子的过程中，你最想避免哪些特质？当你的情绪控制了你时，你需要特别小心避免的两个特质是什么？

养育孩子，不管怎么看，都是一项艰巨的工作。这就是为什么你会看到一些通常很关心、合作和有创造性的人一旦当了父母，就变成了严苛的、破坏性的、不可理喻的人。然而，如果你知道自己的弱点，并努力提升情商，你就会尽量减少对孩子生活的不良影响——这样你就相当于上了保险，以免成为你不想成为的父母。

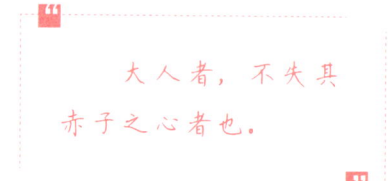

> 大人者，不失其赤子之心者也。

讨论

1. 你是否同意这样的观点,即:父母无论多么用心良苦,都会给孩子的人生留下"污点"?为什么?

2. 你可以做些什么来避免被情绪劫持?在什么情况下,你的孩子最有可能被他的情绪劫持?你现在可以做些什么来减少这种情况?

3. 作为父母,你绝对不想自己身上具备哪两种特质?为什么?

第 14 章
你就是孩子未来的样子

**你是什么样的人，孩子就会成为什么样的人，
因此你要做你希望孩子成为的人。**

最近，当我（莱斯）和莱斯莉正在书房里写这本书的时候，两个儿子走了进来，约翰说道："我们都是爸爸！"原来，他们都穿着卡其色裤子和海军蓝短袖衫——和我那天的穿着一模一样。

"看，爸爸，我们和你一样。"杰克逊也跟着说。他们并排站着，脸上洋溢着笑容。

莱斯莉抓起相机，拍下了一张我们父子三人的合影，就好像我们在摆拍广告一样。人们常说我和孩子们很像，他们说的并不是我们的穿着打扮。有趣的是，我看不出来。我偶尔会瞥见我们基因上的相似之处，但我很难理解为什么陌生人能如此明显地看出我们的神态相似。无论如何，我知道两个儿子长大后会比他们生命中的任何其他人都更像我——无论是优点还是缺点。你和你的孩子也是如此。

> "我经常通过研究孩子，第一次真正认识他们的父母。"

这就是我们写这本书的原因。事实上，孩子长大后会像他们的父母，这正是"值得拥有的九个特质"的重点所在。这是我们作为他们的养育者，塑造他们成为谁的方式。

在这一章中，我们想再次强调本书第一部分提出的要点：养育子女更多是关乎"你是谁"，而不是"你做什么"。

孩子会认同父母的生活方式

棒球明星小卡尔·里普肯（Cal Ripken Jr.）说，他在为人父母方面得到的最明智的建议不是来自任何儿童教育专家，而是来自前队友休利特。里普肯称赞休利特是"最棒的父亲"。

里普肯回忆起在一次谈话中，休斯特说："你的孩子就像一盘空白的磁带，不停地转动着记录信息。你希望你的信息有多少留在磁带上？"里普肯和许多父母一样，希望孩子受自己的影响最大。

每个用心的父母都会意识到这一点。多萝西·劳·诺尔特（Dorothy Law Nolte）在1954年所写的诗歌《孩子们在生活中学习》（*Children Learn What They Live*），就表达了这样的意思：

如果孩子生活在公平中,他就学会了正义。

如果孩子生活在安全感中,他就学会了信任。

如果孩子生活在赞许中,他就学会了喜欢自己。

如果孩子生活在接纳中,他就学会了在世界上寻找爱。

这首诗已被翻译成多种语言,在世界各地出版,出现在亲子教育课程中,出现在医生办公室里,被印在海报和日历上。这不难理解,不是吗?这首诗提醒我们做父母的,首先要在自己身上体现出我们希望孩子拥有的特质。

精神病学家斯科特·佩克(M. Scott Peck)说:"如果孩子看到他的父母日复一日地自律、克制、有尊严地生活,把生活安排得井井有条,那么这个孩子就会从内心深处认同他们的生活方式。"夫妻二人在家庭中编织的那组特质,将永远塑造孩子的灵魂。

双亲能提供不同的特质

说到父母独特的特质组合,我们不能只关注自己想成为的父亲或母亲,而忽略了配偶为育儿带来的巨大价值。

> 如果我们希望孩子身上产生变化,首先应该检查一下我们自己身上能否发生更积极的变化。

当你们认识到彼此的贡献时,你们在育儿上就会产生巨大的协同效应。

电影《爱在春天来临》(*Love Comes Softly*)就说明了这一点。影片中,女人马蒂面临生存问题,她只好接受了一个叫克拉克的男人的求婚,并照顾克拉克的女儿,为的是等待顺利加入篷车队一起前往西部的机会。

在一个场景中,马蒂对自己既是妻子又是继母的双重身份感到恼火。马蒂在经历了与继女的艰难对抗之后,决定不再扮演母亲的角色。

"我不知道自己在想什么,"马蒂说,"我不能待在这里了。"

"为什么?"克拉克问道。

"为什么?因为那个孩子恨我。你是对的。她确实需要一个母亲,但我不是合格的人选。她没意识到她还在哀伤之中。"

克拉克说:"所以你才是最合适的人选。"

马蒂回答说:"这事很不顺利。"

克拉克说:"事情和我预期的一样,我知道她一开始会不喜欢。"

"那为什么还要让她经历这些？"

"因为我爱她，而她需要的比我一个人能给她的更多。"

"光是上几个月的课、写信和缝纫，就够麻烦了。"

克拉克回答说："如果能让你成为一个更好的人，什么都不是浪费时间。我相信，认识你能让她变得更好。我知道你一定能找到办法靠近她。"

你听到这句话了吗？"我相信认识你会让她变得更好。"这是我们每个人都可以传达给伴侣，也可以从伴侣那里接收到的信息。养育子女是团队合作——父母双方的特质都会给孩子带来巨大的价值。最终，你们独特的特质组合会成为孩子的根基。

讨论

1. 请说出除了父母外，影响孩子将来性格发展的其他因素（如孩子的先天条件、生活环境等）。

2. 思考与其他影响因素相比，你的个人特质对孩子成长的影响，大概能占比多少？为什么？

第 15 章
坚持你的好特质

没什么比默默无闻的榜样力量
更能影响孩子的一生了。

在距离苏格兰东海岸约 9 海里远的海面上，矗立着钟岩灯塔。自 1811 年以来，它一直经受着海上风暴的猛烈袭击。灯塔坐落在不到半公顷的坚硬岩石上。这一小块礁石每天有 20 个小时都被海水淹没着。因此，灯塔的建造者罗伯特·史蒂文森和他的 65 名能工巧匠，每天只有 4 个小时的时间在岩石上凿出地基。得益于这艰苦耐心的工作，这座约 36 米高的灯塔至今仍在使用。

同样，父母也只有很短暂的几年来塑造孩子的性格，以抵御他未来生活中的风风雨雨。作为父母，我们必须抓住这短暂的时机，为孩子打下牢固的人生根基。因此，在最后一章中，我们想重温一遍我们在第 3 章中要求完成的练习，尤其是练习的第四部分：选出两个你为人父母最想实现的特质。通读全书后，这两个特质现在依然还在你的清单中名列前茅吗？如果不是，也可以做一些修改，然后采取一些切实可行的措施，将这两个特质融入你的性格中。

第 15 章 坚持你的好特质

再次确认前两个特质

我们育儿时常常会有罗伯特·史蒂文森建造钟岩灯塔时的感受。我们知道，成为理想父母的机会稍纵即逝。我们必须充分利用我们所拥有的亲子时刻来展示我们珍视的好特质。在我们的清单上，莱斯的前两个特质是"肯定"和"耐心"，莱斯莉的前两个特质是"真实"和"洞察力"。这些其实是我们在列育儿清单时发现的我们的不足之处。

你和伴侣可以互相清楚地阐明你们想要更多地表现在自己身上的两个特征，把它们写在这一页，或者写在便签上，贴在你经常看到的地方。

父亲需要培养的两大特质：

_____

_____

母亲需要培养的两大特质：

_____

_____

每年复盘

> 当父母认为孩子天真无知时,他们在编织一张多么纠缠的网啊。

每隔一段时间,我们全家都会去西雅图木兰崖远足。那里离家不到 10 分钟车程,但风景美得像桃花源。在树林中徒步旅行几公里,眼前会出现一片空地,在那里可以俯瞰来时的小径和普吉特海湾。最近,当我们站在这片空地上时,小儿子杰克逊说:"看,我们从那么远的地方来到了这里!"他指着白雪皑皑的奥林匹克山脉。8 岁的约翰笑着说:"不算远哦。"

杰克逊还没有能力精确地衡量远近,他确实觉得很远。站在高处俯瞰自己来时的路,会感觉耳目一新。这当然也适用于你成为理想父母的道路。因此,别忘了盘点一下你一路走来所取得的成就。在日历上画上一个里程碑,衡量你的进步。

我们会在孩子的生日宴会结束后复盘。待宾客散去,我们收拾好屋子,把孩子们哄上床睡觉之后,家里安静了下来,我们会回顾孩子过去一年的情况,以及思考我们是怎样的父母。

反思性提问

很少有人会质疑古希腊哲学家苏格拉底（Socrates）的巨大影响力。他的对话录几乎触及了后来的哲学家们面临的所有问题。他的学说是西方文明史上最有影响力的学说之一，他的作品也是世界上最优秀的文学作品。如果你让任何一个了解苏格拉底的人引用他的话，你一定会听到一句标志性的名言："未经审视的人生不值得一过。"

苏格拉底在很久以前说出这句名言时，并没有考虑为人父母的问题，但这句名言对为人父母来说却再贴切不过了。对大多数家庭来说，在每天纷繁复杂的事务中，每日反省是很稀有的。

> 父母的手在孩子的心上写下了最初的浅浅的字符，岁月会让这些字符变得更加深刻，任何东西都无法抹去。

因此，作为父母，我们要确保自己不会过着"未经审视的人生"。我们会时不时地反思，这是个"大问题"。例如，我在努力变得更有耐心,那么过一段时间,我就会问莱斯莉:"我在做一个有耐心的父亲方面,表现怎么样?"令我惊讶的是,她几乎总能立即给出答案!

我们发现提出反思性的大问题非常有助于保持我们想要的特质。我们会通过角色互换,得到双向的反馈。

如果你有足够勇气,也可以向你的孩子提出同样的问题。当然,只有当你的孩子长到了合适的年纪,这样做才有实际意义。

有时"足够好"就够了

英国精神病学家温尼科特(D. W. Winnicott)提出了"足够好的母爱"这一观点。他深信,母亲也有自身的情感需求,母亲的教育永远不可能是完美的;父亲也是如此。所谓"足够好的养育",指的是提供虽不完美但也足够的情感关怀,以养育一个健康的孩子。

牢记"足够好"这一理念,可以在很大程度上确保你的两个好特质不被"完美主义"吞噬。你选择的是两个"缺失的特质",因此要做到这些对你来说并不容易。你难免会偶尔犯错。但没关系,你仍然足够好。

家庭治疗师让·布劳蒂甘·米尔斯(Jean Brautigam Mills)说:"把孩子培养成正常适应的成年人(normal adjusted adults),只需要做足够好的父母。让我们从放弃'完美'开始。没有人是完美的——你不是,孩子也不是。陪伴孩子的过程中出现的错误是教育的机会。错误发生后,我们有一个承认错误的过程,知道必须做什么,然后弥补或原谅。"

这种"足够好"的观念有什么好处呢?偶尔接受"足够好"观念的父母一定会比那些追求完美的父母幸福得多。他们的孩子也幸福得多。

接受你最好的特质,而不是追求它

作为父母,对自己的特质有时更需要接受,而不是追求。我们身上的特质是我们努力生活的自然成果。

我们发现,当我们觉得自己不够称职的时候——当我们已经尽了最大努力去做我们想做的父母,但仍然没有达到目标的时候——承认我们的不足,情况就会发生逆转,我们就会得到我们所需要的。

讨论

1. 反思一下,有哪些事情是你很难做到的?和伴侣一起讨论你正在努力培养的两大特质,问问伴侣你努力的效果如何。

2. 你如何看待本章的最后部分?你通常是接受你的特质,还是追求你正在努力改善的特质?请举例说明。

致单亲家长

单亲养育可以说是世界上最困难的工作之一。无论是死亡、离婚还是分居,这些情况都会让父亲或母亲独自面对养育子女的一些典型问题。因此我们在写这本书时,想要给单亲家庭奉上一些特别的建议。

无论你是已经通读了整本书,还是直接跳到了这一页,我们都想让你知道,我们在撰写每一页时心里都考虑着单亲家庭的情况。虽然我们没有为此专门改变书中的措辞——主要是因为这对读者来说太麻烦了——但我们想让单亲家长知道,我们也充分理解你的经历。

我们辅导过众多的单亲家长,在课堂上和研讨会上与许多家长有过这方面的交流,并仔细研究过单亲家庭的处境。

因此,我们想提供一些特别的建议,以便应用到你的具体情况中。

大局观

离婚或死亡会结束一段婚姻,但不会终结一个家庭。重组家庭被研究者称为"双核心家庭"。这类家庭是一分为二的、有两个核心的家庭——丈夫/妻子的关系已经解除,但父亲/母亲、母亲/子女或父亲/子女的关系没有解除。

根据美国人口普查的一份报告,单亲家庭已取代有子女的双亲家庭,成为美国最常见的家庭类型。1990 年,美国有超过 2500 万个双亲且育有子女的家庭(被称为"核心家庭")。然而,到 2000 年,核心家庭的数量减少了近 50 万个,单亲家庭的数量猛增至 2700 万个。

单亲家庭是美国增长最快的家庭形式。没有任何一种家庭类型的数量增长如此迅猛。87% 的单亲家庭以女性养育为主。

单亲家庭的不同

单亲家庭与父母一方暂时缺席的双亲家庭不同。单亲家庭中,父母一方的长期缺席会极大地改变养育子女的成年人与子女相处的方式。通常情况下,母亲与子女的关系会变得更加亲密,对子女的回应也更积极。她的权威角色也会发生变化。

在双亲家庭中,父母与子女之间的角色区分很明显。规则由母亲和父亲共同制定,父母一般会达成共识,即在抚养孩子的问题上相互支持,并执行共同商定的养育规则。

而在单亲家庭中,没有伴侣可以帮助维持这些协议。因此,孩子们可能会发现自己处于一个更加平等的环境中,因此,他们有更多的权力来协商规则。你注意到这一点了吗?作为单亲家庭的家长,你是否有时会感到更多的压力?任何尝试过让孩子做他们不想做的事的家长,都知道自己很快就会被打垮。因此,单亲家长往往宁可妥协或让步。这样,孩子在单亲家庭中就获得了相当大的决策权。与双亲家庭相比，单亲家庭的家长很难与孩子一直僵持下去。

好的一面是，单亲家庭的孩子可能会学习承担更多的责任。例如，他们可能会帮厨，收拾屋子，或者变得更体贴。在单亲家庭中，孩子们被鼓励去认识到父母的辛劳以及合作的重要性。你是这样吗？单亲妈妈告诉我们，离婚前，她的丈夫通常负责洗碗。当时很难让孩子们帮忙做家务。她说，现在，孩子们已经学会了主动帮忙洗碗、吸尘和做其他需要做的事情——否则，这些事情就没人做。

当然，不用我们多说，单亲家庭中出现的任何积极因素往往都会被挑战所掩盖。一项关于单亲家庭儿童的研究发现，这些儿童的学习成绩往往不如双亲家庭的儿童。他们也更有可能从高中辍学。我们不需要强调社会学家用大量篇幅论述的所有挑战。这不是我们的目的，况且你可能已经听过了。我们要做的是，关注你想成为的单亲家长，进而关注如何最大限度地改善你的育儿状况。

如果你想一个人养育孩子

无论你是新近单身并希望找到另一个灵魂伴侣，还是你很幸福快乐，并满足于独自抚养孩子，我们都希望你知道，这本书所传达的内容与你息息相关，就像与其他父母息息相关一样，甚至对你来说更为重要。

面对现实，谁家的生活都不容易。当家庭在动荡不安的生活中航行时，风暴是不可避免的。而对有些家庭来说，这些风暴会带来难以预料的动荡，至少在一段时间内，似乎已经迷失了方向。如果你有这种感觉，研究"为人父母的九个特质"很可能是你胜任单亲家长的最好方法之一。即使你的单亲家庭在激流中遨游也没有翻船，这些特质也会帮助你从更内在的层次上保持航向。

我们在本书第一部分所写的一切都适用于你。唯一需要稍作调整的章节是第3章："'你想成为的父母'练习"。第3章包含一个具体的练习，需要与配偶进行讨论。你的情况可能使这种讨论变得不可能——不过，如果你们的关系有利于这种讨论，你仍然可以考虑做这个练习。不过这么做的前夫妻也是少数。大多数单亲家长都需要独自完成这项练习，至少在某种程度上是这样。

我们的建议如下。

通读关于建立"为人父母档案"的内容，然后确定是不是要与他人一起讨论。你可能会发现，自己独自完成练习会有很多收获。但是，如果你觉得自己能从一些交流中获益，也可以考虑和心理咨询师、值得信赖的朋友，甚至和另一位能够理解你处境的单亲家长一起讨论并完成练习。无论你选择什么方式，都不要忽略这个练习。你可能无法完成每一个问题，但你很快就会发现，即使无人阅读，把你的答案写成日记也是很有帮助的。

我们知道你很辛苦，有时会觉得自己既当爹又当妈，但请不要忽视一个事实，那就是你养育子女的工作，是你有生以来最重要、最有意义的工作。

重点摘录

* 方便起见,我们提供了本书中概述的九个特质的摘要表。可以剪下并贴在你时常能看到的地方。

为人父母的九个特质

- **给予孩子渴望的赞美:你是善于肯定的父母吗?**
  实事求是地表扬孩子所做的一切,让他知道你关注他、爱他、重视他。

- **从一数到十——再来一次:你是有耐心的父母吗?**
  遇到挫折时,保持冷静,试着从孩子的角度看世界。

- **听出孩子的话外之音:你是细心的父母吗?**
  倾听孩子没有公开表达的感受、价值观和担忧,并找到温和而有意义的方式让孩子知道你理解他。

- **看到孩子的未来蓝图:你是有愿景的父母吗?**
  认真对待孩子的梦想,培养孩子的未来,帮助他实现自己的理想。

- **建立更好的联结:你是有联结感的父母吗?**
  通过有意识地培养你们共同喜欢的活动,创造亲情体验。

- **庆祝孩子成长的里程碑:你是有仪式感的父母吗?**
  通过庆祝活动向孩子传达强有力的爱的信息,纪念值得铭记的成长里程碑。

- **信守承诺:你是真实的父母吗?**
  在日常事件上"说到做到",让孩子知道你值得信任。

- **创造地球上最安全的地方:你是会安慰人的父母吗?**
  通过保持不焦虑的状态,向孩子保证你随时都可以与他交谈,给予他深厚的情感安全感。

- **灌输智慧:你是有洞察力的父母吗?**
  成为孩子的"情绪教练",接受消极情绪是生活的一部分,并将消极情绪的出现作为向孩子教授生活课程的机会。

致　谢

当第一个儿子出生后不久，我们就萌生了写这本书的想法，但真正让我开始动手写这本书源于一次和朋友们在芝加哥的圆桌讨论。我们要由衷地感谢这些朋友们：迈克尔·兰维尔、芭芭拉·斯科特、鲍勃·杨、安迪·梅森海默和桑迪·范德齐特。

我们向芝加哥的朋友们谈论的大部分观点都可以从书中找到影子。但这并不是一场单边的发言。我们讨论的气氛非常活跃，每个人都在分享自己想成为什么样的父母。朋友们帮助我们厘清了思路，给了我们前所未有的鼓舞。如果不是这些好心的朋友鼓励我们写作，你手中的这本书很可能依然还只是我们心里的一些碎片化的想法而已。

我们也很感谢以下加入我们团队的出版人员：斯科特·博林德、布鲁斯·里斯坎普、斯坦·冈德里、乔伊斯·翁德斯马、杰基·奥尔德里奇、马克·亨特、约翰·雷蒙德、T.J.拉斯本、杰夫·鲍登、贝基·希尔贝克、西利·耶茨、凯文·斯莫尔、凯伦·坎贝尔、贾尼斯·伦德奎斯特、比尔·达拉斯和特里·罗奇。

此外，很多父母也参与了部分书稿的审阅，或者特别认真地跟我们分享了他们想成为怎样的父母。他们中的每一个人都贡献了自己的独特智慧。这些父母包括凯文和凯西·卢恩夫妇、杰夫和斯泰西·坎普夫妇、史蒂夫和塞恩·摩尔夫妇、克里夫和乔伊斯·彭纳夫妇、马克和坎迪·布朗夫妇、凯文和桑迪·莱曼夫妇、斯科特和黛比·丹尼尔夫妇、戴夫和简·斯托普夫妇、兰德尔和邦妮·戴维夫妇、约翰和辛迪特伦特夫妇、杰里和沙林·雷吉尔夫妇、罗德尼和伊丽莎白·考克斯夫妇、肯和史黛西·科尔曼夫妇、道格和玛格·恩伯格夫妇、戴夫和克劳迪娅·阿普夫妇、史蒂夫和朱厄尔·哈蒙夫妇、诺姆和乔伊丝·莱特夫妇、罗兰和布兰达·利希提夫妇、加里和凯莉·奥利弗夫妇、吉姆和凯伦·格温夫妇、克里斯汀和杰瑞米·斯坦德拉夫妇、邦妮和阿尼·布兰恩夫妇、塔米和杰夫·恩格尔霍恩夫妇、洛里和布伦特·哈根夫妇、桑迪和哈利·汉森夫妇、艾丽丝和乔治·奥斯本夫妇、乔伊和吉姆·左恩夫妇。

我们还要感谢成千上万在婚姻研讨会上遇到的父母。许多人都在问我们："你们什么时候写一本育儿书？"正是你们对这样一本书的期待推动了这本书稿的完成。

最后，我们要感谢正在读这本书的读者。我们并不是在客套，而是真心感谢你花时间阅读这本书，我们想让你知道，我们在书中的每句话都是为你而写。作为作者，没有什么比知道有人正在阅读我们辛辛苦苦写下的文字更让我们高兴的事了。因此，真诚地感谢你。